# Mythen & Märchen
## zur JAGD

# Mythen & Märchen zur JAGD

Das ist Jagd

IM FAKTENCHECK

# Impressum



**Herausgeber:** Dachverband Jagd Österreich
**Druck**: Print Alliance HAV Produktions GmbH
**Für den Inhalt verantwortlich:** Dachverband Jagd Österreich
**Korrektorat:** Maria Keuschnigg, MA
**Gestaltung:** Fichtinger Werbeagentur GmbH, www.fiwag.at


**www.steinverlag.at**

ISBN: 978-3-901392-85-6

**www.jagd-oesterreich.at**

Inhalte zu diesem Buch, entsprechende Quellen und weitere interessante Themen finden Sie auch auf **www.jagdfakten.at.**


Hergestellt in Österreich.

## Triggerwarnung

Hat die Jagd in einer modernen Gesellschaft noch Platz? Wenn Sie diese Frage mit ‚Nein' beantworten, könnten Sie die folgenden Kapitel verunsichern. In diesem Fall lesen Sie am besten nicht weiter und stellen dieses Buch wieder zurück ins Regal.

Noch immer da? Gut! Die Jagd nämlich auch. Sie ist so alt wie die Menschheit. Scrollt man in der Menschheitsgeschichte ganz nach unten, belegen schon uralte Postings aus der Steinzeit den Impakt der Jagd auf die Entwicklung des Menschen, der Gesellschaft, Kunst, Kultur und Wirtschaft. Und gerade heute erbringt die Jagd Leistungen, die für ein nachhaltiges Wirtschaften mit Ziel und Augenmaß auf unserer Erde immer wichtiger werden. So ist die Jagd in Österreich systemrelevant und hilft dem Artenschutz durch gezielte Förderung und Regulierung verschiedener Wildarten.

Angefeindet wird die Jagd von Jagdgegnerinnen und Jagdgegnern trotzdem massiv. Nicht nur jagdliche Praktiken stehen am Pranger, auch die Jagd an sich und alle, die sie ausüben, werden kritisiert. Oft mit Behauptungen und Argumenten, die auf den ersten Blick gut klingen. Bei näherer Betrachtung erweisen sich diese Behauptungen aber als Mythen und Märchen. Wenn man so will: als „Anti-Jäger-Latein."
Das vorliegende Buch unterzieht die Best-ofs der Mythen und Märchen von Jagdgegnerinnen und Jagdgegnern in Österreich einem Reality-Check. Gemeinsam mit Fachexpertinnen und -experten haben wir Studien und wissenschaftliche Befunde gewälzt und erläutern im Folgenden genau, was wirklich Sache ist.

Stellvertretend für die gesamte Redaktion lade ich Sie herzlich ein: Gehen Sie mit uns gemeinsam auf eine spannende Pirsch zwischen Märchen und Fakten über die Jagd in Österreich. Machen Sie sich selbst ein Bild über die Jagd. Ob unter Freundinnen und Freunden oder in öffentlichen Foren – ein sachlicher Blick auf die Jagd und die Leistungen der Jägerinnen und Jäger in Österreich ist für die Zukunft unserer Wildtiere wichtiger denn je.

**Lutz Molter**

*Chefredakteur Jagdfakten.at*

*Wien, 2025*

„*Die Natur in Österreich* **REGULIERT SICH SELBST**“

Die Jagd ist ein willkürlicher menschlicher Eingriff in die Natur – und absolut fehl am Platz, denn die Natur in Österreich reguliert sich am besten von selbst. Was Jägerinnen und Jäger tun, schadet daher unserer Natur. So oder so ähnlich klingt es von Jagdgegnerinnen und Jagdgegnern. Sie machen die Jägerinnen und Jäger zu Feinden der Natur. Das kommt gerade in einer Zeit gut an, zu der die einen oder anderen selbsternannten Expertinnen und Experten unterwegs sind. Nur: Es ist leider ein Märchen, dass sich die Natur selbst reguliert. Das funktioniert vor allem deshalb nicht, weil wir in Österreich nicht in „der Natur“, sondern in Kulturlandschaften leben.

## Es gibt in Österreich kaum unberührte Natur.

In nur ganz wenigen Landstrichen in Österreich gibt es seit Jahrhunderten mehr oder weniger unberührte „Urwälder“. Gerade einmal ein Prozent des Waldes in Österreich kann als „Urwald“ bezeichnet werden. Der größte Teil des Landes sind vom Menschen gestaltete ***Kulturlandschaften***. Die Bewirtschaftung des Landes in Form von Wasser-, Forst- und Landwirtschaft prägt Österreich. Die Bäuerinnen und Bauern kultivieren und pflegen die Landschaften mit großem Aufwand. Sie gestalten unser Landschaftsbild seit vielen Jahrhunderten. Wir leben also in einer vom Menschen geformten Kulturlandschaft, die zahlreiche Auswirkungen auf wildlebende Tiere hat. Wer denkt, dass diese Auswirkungen immer negativ wären, irrt: So bietet beispielsweise eine bewirtschaftete Almfläche einer Vielzahl von Insekten und anderen Wildtieren einen abwechslungsreich gedeckten Tisch. Unbewirtschaftete Almflächen unterhalb der natürlichen Waldgrenze verbuschen rasch und haben hingegen einen gegenteiligen Effekt.

## Der Lebensraum wildlebender Tiere schwindet.

Es ist eine Tatsache, dass menschliches Handeln – von der Wirtschaft bis zur Freizeitgestaltung – den Lebensraum wildlebender Tiere massiv eingeschränkt hat und weiter einschränkt (siehe Kasten S. 16). Wo der natürliche Lebensraum wildlebender Tiere schwindet, wächst zugleich die Gefahr, dass diese Tiere auch verschwinden. Die Weltnaturschutzorganisation IUCN gibt an, dass Lebensraumverlust und Habitatsverschlechterungen Hauptgründe für den Rückgang der Wildarten darstellen. Ihr Befund:

> *„Legale, gut regulierte Bejagungsprogramme können – und tun dies bereits – eine wichtige Rolle bei der Schaffung von Vorteilen sowohl für den Wildtierschutz als auch für den Lebensunterhalt und das Wohl der mit Wildtieren lebenden indigenen und lokalen Bevölkerungsgruppen spielen.“*

Im Laufe der Jahrzehnte haben wildlebende Tiere auf die für sie gefährliche Entwicklung des Lebensraumverlustes unterschiedlich reagiert: Es gibt Tiere, die aus den menschlichen Kulturlandschaften flüchten. Sie nennen wir ***„Kulturflüchter“***. Und es gibt Tiere, die von den Kulturlandschaften profitieren. Sie bezeichnen wir als ***„Kulturfolger“***. Diese „Kulturfolger“ haben im Vergleich zu den ***„Kulturflüchtern“*** die besseren Karten.

*Beispiel Kulturflüchter*

*Beispiel Kulturfolger*

# Jägerinnen und Jäger schützen Tiere und Natur.

Fakt ist, dass in der Tierwelt die Gesetze des Wettbewerbs und der Selektion gelten. Das heißt in unserer Zeit: Wer sich unter anderem am besten an die menschlichen ***Kulturlandschaften*** anpassen kann, überlebt. Das sind leider vergleichsweise wenige Tierarten. Genau hier kommt die Jagd ins Spiel. Sie bemüht sich, diesen Entwicklungen entgegenzuwirken. So setzt sie sich für sichere Lebensräume für Wildtiere ein, die jagdlich genutzt werden können. Dieses Engagement kommt allerdings allen Wildtieren im gleichen Lebensraum zugute. Die Jagd arbeitet auch daran, dass Nachteile des Lebensraumverlustes ausgeglichen werden. Sie setzt sich deshalb für die Schaffung und Einhaltung von Wildruhezonen, wie etwa im Rahmen der Initiative „Respektiere deine Grenzen", ein und unterstützt die Schaffung von Grünbrücken und sicheren Wildkorridoren, um eine Verinselung der verschiedenen Wildtierpopulationen zu vermeiden. Die Jagd sichert Nahrung für Wildtiere durch den Anbau von Wildäckern und sorgt durch die Anlage von Hecken für wichtige Deckung und Schutz vor Fressfeinden inmitten einer hochgenutzten ***Kulturlandschaft.*** Außerdem ist sie gesetzlich zur Wildtier-Hege verpflichtet. Wir können sagen: Die Jagd vertritt die Interessen des Wildes in der ***Kulturlandschaft.***

Eine wichtige Leistung der Jagd für Natur und wildlebende Tiere sind aber auch ihre regulierenden Eingriffe in die Bestände der zu stark profitierenden ***„Kulturfolger"***, wie zum Beispiel Fuchs, Wildschwein und Reh. Beide Leistungen der Jagd fördern die Artenvielfalt. Jagdliche Bewirtschaftung „lenkt" das Wild: Sie reduziert in sensiblen Gebieten Wildschäden – und schafft in anderen Gebieten ***Wildruhezonen***. Das nützt den Wildtieren sowie der Land- und Forstwirtschaft. Und natürlich auch dem Klima. So ist die Bestandsdichte von pflanzenfressendem beziehungsweise wiederkäuendem Schalenwild – das sind Rot-, Gams- und Rehwild – in einigen Gebieten für eine gesunde Entwicklung der ***Naturverjüngung*** zu hoch. Wenn Reh- und Rotwild den Baumbestand „verbeißen" oder kleine Baumwüchslinge gleich ganz wegfressen, steht das oft im Konflikt mit menschlichen Interessen: Potenziale des Waldes für die Rohstoffgewinnung werden reduziert, die Schutzfunktion vor Hangrutschen und Lawinen gemindert und natürlich auch die wichtige Speicherung von $CO_2$ beeinträchtigt.

## Durch die Jagd sterben nicht mehr Tiere als sonst.

Fiele die Jagd weg, so würden sich andere Sterblichkeitsfaktoren deutlich erhöhen: Die Bandbreite reicht von Verkehrsfallwild bis zu Wildtierkrankheiten wie Tollwut, Tuberkulose, Räude oder Afrikanischer Schweinepest. Die Ausbreitung dieser Krankheiten würde auch für Menschen, Landwirtschaft und insbesondere für die Nutztierhaltung eine große Gefahr bedeuten. Wildtierpopulationen unterliegen natürlichen Schwankungen, die von äußeren Umweltbedingungen, wie etwa der Verfügbarkeit von Nahrung, abhängen. Manche Wildtiere – wie das Rehwild – sind außerdem in der Lage, Ausfälle teilweise zu kompensieren, indem eine frühere Geschlechtsreife eintritt oder vermehrt weibliche Tiere geboren werden.

## Wildtiere regulieren sich nicht gegenseitig.

Manche Menschen, insbesondere Jagdgegnerinnen und Jagdgegner, argumentieren, dass mit der Rückkehr des Wolfes eine natürliche Regulierung der Wildtiere stattfinden würde. Abgesehen davon, dass

Wölfe in Österreich vor allem eine Gefahr für Nutztiere sind, bringt der Wolf für die Wildbestandsreduktion nichts. Ein Vergleich zeigt das klar: In Schweden (rund 450.000 km²) leben zwischen 250 und 400 Wölfe. Würden im wesentlich kleineren Österreich (rund 84.000 km²) sogar 500 Wölfe leben, und würden diese ausschließlich Wildtiere reißen, so entspräche ihr Wildfleischbedarf gerade einmal sieben Prozent der gesetzlich zu erfüllenden jährlichen Wildbestandsreduktion. Durch die Jagd werden nämlich jährlich rund 55.000 Stück Rotwild, 48.000 Wildschweine und 279.000 Stück Rehwild erlegt. Das sind zusammen rund 8.900 Tonnen Fleisch, Knochen und Fell. Studien aus der Lausitz und aus Schweden haben ergeben, dass ein ausgewachsener Wolf jeden Tag etwa vier Kilogramm Wild (Fleisch, Knochen & Fell) benötigt. Gäbe es keine Jägerinnen und Jäger mehr im Land, würde es also 5.900 Wölfe in ganz Österreich brauchen, um die jährliche Jagdstrecke dieser drei Wildarten zu fressen. Und diese Wölfe dürften nicht tun, was sie eben auch tun: Nutztiere reißen. Allein 2023 gab es 1.128 Nutztierverluste bei 104 DNA-registrierten Wölfen in Österreich. Einmal mehr sprechen die Zahlen eine klare Sprache: „Die Natur" reguliert sich nicht von selbst.

## Die Rückkehr des Wolfes ist nicht automatisch ein Gewinn für Natur und Artenvielfalt.

Dass die Rückkehr des Wolfes mehr „Natur" und Artenvielfalt bringt, ist ein gebräuchliches Argument aus Sicht des Natur- und Tierschutzes. Allerdings ist das ein Trugschluss. Die Rückkehr des Wolfes ist zum Beispiel ein Anschlag auf das Überleben der Mufflon-Wildschafe in Kontinentaleuropa. Mufflons sind durch ihre eingeschränkten Fluchtmöglichkeiten für den Wolf nämlich ein leichtes Ziel. In Deutschland ist das „Muffelwild" großteils stark bedroht oder schon gänzlich verloren gegangen. Noch vor 30 Jahren existierte auch in Allentsteig in Österreich eine stabile Population des Wildschafes, die durch die Wölfe nun nahezu ausgerottet wurde. Das ist ein großer Verlust für die Artenvielfalt. Zugleich bedroht die Rückkehr der Wölfe die traditionelle Alm- und Weidewirtschaft, die gerade wegen der Bewirtschaftung durch Kuh- beziehungsweise Schafhaltung einzigartige und artenreiche Biotopflächen in Österreich geschaffen hat. Nicht nur der Wolf, sondern auch invasive Arten setzen heimische Arten unter Druck: Beispiele dafür sind der Mink, auch Amerikanischer Nerz genannt, der Waschbär und der Marderhund, die heimische Bodenbrüter, Kleinsäuger sowie Amphibien und Reptilien gefährden.

## Unsere Kulturlandschaften brauchen die Jagd.

Wie wichtig die Jagd für funktionierende Kulturlandschaften und einen gesunden Bestand an Wildtieren ist, machen auch die wissenschaftlich fundierten Konzepte der ökologischen und der sozioökonomischen Tragfähigkeit eines Habitats beziehungsweise eines Biotops deutlich. Die ökologische Tragfähigkeit beschreibt, wie viele Tiere einer Wildart in einer Kulturlandschaft in einem gesunden Bestand mit genügend Raum und Nahrung leben können. Ist die ökologische Tragfähigkeit erschöpft, reagiert das Ökosystem mit dem Ausbruch von Krankheiten, mit geringeren Geburtenraten oder mit geringerem Gewicht der Tiere. Die sozioökonomische Tragfähigkeit beschreibt, wie viele Tiere einer Art im Biotop leben können, ohne menschliche Interessen empfindlich zu beeinträchtigen – also beispielsweise die Wirtschaftlichkeit eines Forstbetriebes oder von landwirtschaftlichen Flächen zu gefährden oder gar zu verunmöglichen. Den Bestand so zu regulieren oder zu fördern, dass er gesund ist und dabei die Belastungsgrenzen des Biotopes nicht überschreitet – genau das ist Aufgabe der Jagd.

## Ohne Jagd gäbe es weniger Natur.

Das Fazit ist klar: Ohne die Leistungen der Jägerinnen und Jäger gäbe es größere Populationsschwankungen und in der Folge weniger Wildtiere, weniger Lebensraum, weniger Artenvielfalt und auch weniger nachhaltig genutzte Lebensgrundlagen für Menschen aus ländlichen Regionen. Nachhaltige Jagd macht den Unterschied für das, was wir alle als „Natur" schätzen.

### Zahlen & Fakten zu Lebensraumschwund & Bodenverbrauch

- *Zwischen 2014 und 2023 lag die tägliche Flächeninanspruchnahme in Österreich bei rund 12 ha. Vor allem Bautätigkeiten, Verkehr und Betriebsflächen sind treibende Kräfte.*
- *Von den beanspruchten 12 ha sind an jedem Tag rund 5,8 ha an Boden durch Versiegelung dauerhaft verloren gegangen.*
- *5.800 km² an Boden wurden bis zum Jahr 2021 insgesamt in Österreich beansprucht. Das sind rund 7 % der Landesfläche und 18 % des Dauersiedlungsraumes.*
- *Mit einem jährlichen Bodenverbrauch von 41 km² setzt sich die kontinuierliche Abnahme neu beanspruchter Fläche seit 2010 fort.*
- *Bau- und Betriebsflächen beanspruchen mit Abstand die meiste Fläche. Während der Bedarf für Bauflächen auf 21 km² gegenüber dem Vorjahr (23 km²) zurückgegangen ist, liegt er dennoch über dem langjährigen Schnitt. Betriebsflächen beanspruchten 11 km² an Boden.*

# Glossar

**Kulturlandschaften** – *Mit dem Begriff „Kulturlandschaft" wird die vom Menschen meist dauerhaft umgestaltete Landschaft beschrieben. Die Kulturlandschaft ist meist für die Produktion von Lebensmitteln oder Rohstoffen optimiert und steht im Gegensatz zur Naturlandschaft.*

**Kulturflüchter** – *Als Kulturflüchter bezeichnet man Wildtiere, die den Menschen meiden und sich aus der vom Menschen geprägten Kulturlandschaft zurückziehen und diese Lebensräume aufgeben. Typische Beispiele sind das Rebhuhn und der Fasan.*

**Kulturfolger** – *Das Gegenteil von Kulturflüchtern sind die Kulturfolger. Diese Pflanzen- und Tierarten profitieren maßgeblich von der Kulturlandschaft, indem sie beispielsweise mehr Nahrung vorfinden. Außerdem verdrängen die Kulturfolger die Kulturflüchter. Typische Beispiele sind das Wildschwein und der Fuchs.*

**Wildruhezonen** – *Diese Gebiete mit eingeschränkter Nutzung durch den Menschen dienen Wildtieren als ungestörtes Rückzugsgebiet und sind ein wichtiges Instrument für den Artenschutz.*

**Naturverjüngung** – *ist im Wesentlichen durch herabgefallene oder angeflogene Samen umstehender Bäume entstehender Nachwuchswaldbestand. Aufforstungen sind im Gegensatz dazu eine von Menschenhand geschaffene Bepflanzung.*

„*Jägerinnen und Jäger* **ZERSTÖREN** *die* **ARTENVIELFALT**"

Artenvielfalt ist ein wichtiges Thema für alle, denen Flora und Fauna wichtige Anliegen sind. Aus guten Gründen: Weltweit ist eine Million der acht Millionen Tier- und Pflanzenarten in Gefahr. Gerade für Österreich ist Artenvielfalt ein besonderes Thema, denn wir sind eines der artenreichsten Länder Mitteleuropas. Neben rund 3.000 Pflanzenarten bevölkern 54.000 Tierarten – darunter 40.000 Insektenspezies – unser Land. Abnehmende Artenvielfalt ist daher für Österreich eine besondere Bedrohung. Und dabei spielt die Jagd eine zentrale Rolle, so die Vorurteile von Jagdgegnerinnen und Jagdgegnern. Schließlich werden bei der Jagd massenweise Tiere getötet – dies auch, um möglichst seltene Trophäen zu erbeuten. Dass Jägerinnen und Jäger Umwelt und Artenvielfalt zerstören, ist allerdings vor allem eins: ein Märchen.

## Jägerinnen und Jäger setzen sich für das Wild ein.

Es ist ein offenes Geheimnis: Das Wild steht in Konkurrenz mit menschlichen Interessen – nämlich jenen der Land- und Forstwirtschaft, wenn etwa Reh- und Rotwild den Baumbestand verbeißen, an Baumrinden schälen und kleine Baumwüchslinge gleich ganz wegfressen. Dann ist der Wald weder zur Rohstoffgewinnung noch zum Schutz vor Hangrutschen und Lawinen zu gebrauchen. Auch die Speicherung von $CO_2$ wird stark behindert. Wildschaden auf landwirtschaftlichen Nutzflächen, wie etwa auf Getreidefeldern oder an anderen Feldfrüchten, ist ebenfalls ein Thema in der hochgenutzten Kulturlandschaft. Somit geht es darum, Interessen abzuwägen: Reh gegen Baum, Wild gegen Ertrag, Überpopulation gegen Sicherheit. Wer da gewinnt, ist absehbar. In der Schädlingsbekämpfung war der Mensch immer schon gründlich. Das Wild – hier im Speziellen das sogenannte Schalenwild – hat keine Stimme. Es braucht einen „Fürsprecher". Hier kommt die Jagd ins Spiel. Jägerinnen und Jäger verstehen sich als Mittelsleute und Interessensvertretung, die sich dafür einsetzen, dass Reh, Hirsch und Gams neben den menschlichen Interessen einen Raum finden und freilebend erhalten bleiben können. Dazu arbeiten sie mit der Forschung im Bereich der ***Wildtierökologie*** zusammen, um hierfür die richtigen Mittel und Wege zu finden.

## Die Jagd sorgt für Ruhe im Wald.

Jägerinnen und Jäger versuchen, sensible land- und forstwirtschaftliche Kulturen zu schützen, indem sie dort jagdlichen Druck ausüben und den Bestand regulieren. Dafür müssen andernorts Ruhezonen für das Wild geschaffen werden. Im Winter lenken Jägerinnen und Jäger

Rotwild mit Fütterungen in weniger sensible Gebiete, damit sie nicht an Bäumen zu Schaden gehen. Außerdem setzt sich die Jagd für Wildkorridore ein, um die Wanderrouten des Wildes zu sichern. Sie verhindert damit eine genetische Verinselung einzelner Populationen durch Zersiedelung oder Verkehrsnetze.

## Jägerinnen und Jäger erhalten Wildtierarten.

Auf Flächen, die von der Landwirtschaft genutzt werden, leidet vor allem das sogenannte ***Niederwild***. Dazu zählen wilde Hühnervögel, wie Fasan und Rebhuhn, und Hasenartige, wie der Feldhase und das Wildkaninchen. Sie haben durch die großflächige Bewirtschaftung der intensiven Landwirtschaft Deckung und Nahrung verloren. Ihr Lebensraum schwindet durch zunehmende Verbauung und ***„Ausräumung" der Landschaft***. In den neun Landesjagdgesetzen wird exakt geregelt, welche Tiere als Wild gelten und damit der Verantwortung der Jägerschaft unterliegen. Und diese Verantwortung beinhaltet die gesetzliche Pflicht, für den artgerechten Erhalt, also die Wahrung der Alters- und Sozialstrukturen der Wildarten, Sorge zu tragen.

Wenn die Jägerschaft deshalb den Lebensraum aufbessert, indem sie Feuchtbiotope schafft und Hecken pflanzt, dann hilft sie damit natürlich allen dort lebenden Tieren – egal, ob Wild im Sinne des Jagdgesetzes oder nicht. So profitieren etwa Singvögel, die sich ein Habitat – also den Lebensraum inklusive Nahrung – mit dem Niederwild teilen.

### Die Position der International Union for Conservation of Nature (IUCN) zur Jagd (September 2016)

*„Lebensraumverlust und Habitatverschlechterung stellen den Hauptgrund für den Populationsrückgang terrestrischer Arten dar. (...) Legale, gut regulierte Bejagungsprogramme können – und tun dies bereits – eine wichtige Rolle bei der Schaffung von Vorteilen sowohl für den Wildtierschutz als auch für den Lebensunterhalt und das Wohl der mit Wildtieren lebenden indigenen und lokalen Bevölkerungsgruppen spielen."*

## Die Jagd sichert Nachhaltigkeit.

Der Erhalt einer Wildart beinhaltet allerdings auch deren jagdliche Nutzung: Jägerinnen und Jäger greifen ganz bewusst in den Bestand ein. Sie schaffen so einen Ausgleich innerhalb der Arten und stellen sicher, dass die Population die sozioökonomische Tragfähigkeit des Biotops – also all das, was innerhalb einer Koexistenz zwischen den

Wildarten und dem Menschen möglich ist – nicht übersteigt. Was wo und wann entnommen werden kann und muss, wird streng gesetzlich geregelt und durch die Behörden überwacht. Das höchste Ziel ist stets Nachhaltigkeit. Also eine nachhaltige Nutzung von Wildtieren als Ressource, was Hand in Hand mit dem Fortbestand der Wildarten für kommende Generationen einhergeht.

## Jagen heißt schützen.

Die Jagd ist ein komplexes System, das nicht ohne Paradoxien auskommt. Die Nutzung in Form der Entnahme von Tieren ist der beste Antrieb dafür, die gesamte Tierart und deren Lebensraum gegenüber anderen menschlichen (wirtschaftlichen) Interessen zu erhalten.

Dass dies funktioniert, zeigen beispielsweise Auerhuhn und Birkwild. Beide Wildarten haben ganz spezielle Ansprüche an ihren Lebensraum, die mit einer rein wirtschaftlich optimierten Landnutzung durch Tourismus oder Forstwirtschaft nicht vereinbar sind. Ohne gezieltes Wildtiermanagement wären beide Wildarten in Österreich schlichtweg ausgestorben. So werden in Österreich regelmäßig Zählungen des Birkwildes und Auerwildes durchgeführt. Jägerinnen und Jäger zählen hierbei nur die männlichen Tiere, da diese im Gegensatz zu den weiblichen Tieren eine höhere Standorttreue haben. Auch werden in Österreich ausschließlich die Hähne bejagt und die Weibchen strikt geschont. Die Zähldaten der Auer- beziehungsweise Birkhähne von 2006 bis 2020 zeigen eine stabile Population beider Wildarten. Durchschnittlich wurden jedes Jahr rund 26.000 Birkhähne und rund 10.000 Au-

*Birkhähne*

erhähne gezählt. Das Geschlechterverhältnis liegt im Übrigen nicht bei 1:1, sondern zu Gunsten der für die Reproduktion wichtigen Weibchen bei rund 1:1,4 beim Auerwild beziehungsweise bei 1:1,2 beim Birkwild. Der jagdliche Eingriff beträgt beim Auerwild rund drei Prozent und beim Birkwild rund fünf Prozent. Dies liegt damit stark unter der natürlichen Sterblichkeit. Der jagdliche Eingriff hat also keine verringernde Wirkung auf die Gesamtpopulation, dafür aber positive Effekte für den Bestand: Durch die Einnahmen der Abschusslizenzen haben die Waldbewirtschafterinnen und -bewirtschafter einen verstärkten Anreiz, den empfindlichen Lebensraum für diese Tiere zu erhalten. Dass diese Anreize durch jagdliche Bewirtschaftung entscheidend sind, zeigen Gegenbeispiele etwa aus Frankreich: Dort ist die Jagd auf Raufußhühner seit 1981 verboten. Der Bestand ist trotzdem – oder wohl eher genau deswegen – bereits erloschen, weil der Lebensraum dieser Wildtiere nicht mehr aus jagdlichem Interesse gepflegt wurde.

*Der durchschnittliche Bestand von Birk- und Auerhähnen pro Jahr.*

*Auerhähne*

## Die Jagd entlastet.

Wichtig ist, dass die Jagd für eine Abwägung der verschiedenen Wildarten zueinander sorgt. Der Fuchs als Kulturfolger kommt etwa in allen Lebensräumen und auch in den Städten vor. Er ist aber ein Fressfeind vieler Wildarten, die unter Lebensraumschwund leiden (Hühnervögel, Feldhasen und andere mehr). Es ist daher sinnvoll, Wildarten, die von der Kulturlandschaft profitieren, in ihrem Bestand stark zu regulieren, damit andere, sensiblere Wildarten entlastet werden. So profitieren Wildschweine sehr stark von landwirtschaftlichen Nutzflächen und einem landwirtschaftlich bedingten Überangebot an Nahrung, was eine starke Populationssteigerung zur Folge hat. Gleichzeitig stellen Wildschweine als Allesfresser eine Gefahr für Bodenbrüter dar. Außerdem steigt bei einer Überpopulation die Gefahr von Wildkrankheiten und Tierseuchen. Die Jagd arbeitet für eine Balance zwischen menschlichen Interessen und gesunden, vielfältigen und ausgeglichenen Wildbeständen.

## Der Tierschutz ist Teil der Jagd.

Der Schutz von Tieren war, ist und bleibt untrennbar mit der Jagd verbunden. Das zeigt auch die Geschichte der Jagd. Nach den Verwüstungen des Zweiten Weltkrieges waren es die Jägerinnen und Jäger in den neugegründeten Landesjagdverbänden und ihren Hegegemeinschaften, welche die nahezu erloschenen Wildbestände gefördert haben. Schon früh erkannten die Jägerschaften, dass die Lebensraumpflege ein elementarerer Bestandteil ihrer Arbeit sein musste. Die Wildökolandaktion des NÖ Jagdverbandes wurde bereits 1966 unter dem Namen „Ökoland-Aktion" ins Leben gerufen. Diese und ähnliche Aktionen wurden auch in anderen Bundesländern durchgeführt. Schon damals verstand sich die Jägerin oder der Jäger als „Anwalt des Wildes" und sorgte für einen gesunden und nutzbaren Wildbestand sowie auch für Wildarten, die nicht jagdlich genutzt werden können. In Oberösterreich wurden 1985 eine Eulen-Schutzgruppe und ein Uhu-Schutzprogramm etabliert, wobei Jagdreviere eine Auszahlung erhielten, die erfolgreich Jung-Uhus nachweisen konnten. Durch den Abschluss langfristiger Pachtverträge konnten im Burgenland und in Niederösterreich Trappenschutzäcker gesichert werden, die der bedrohten Großtrappe bis heute Lebensräume bieten. Und in Tirol konnte das seit 1706 ausgestorbene Steinwild durch Bemühen der Jägerschaft wieder erfolgreich angesiedelt werden. Die Jägerschaft handelt auf Basis des Ehrenkodex der Weidgerechtigkeit, der als Vorläufer von Tierwohl & Co. angesehen werden kann. Denn bei der Weidgerechtigkeit geht es immer schon darum, Tierleid zu minimieren. So werden Elterntiere, die zur Aufzucht des Jungwildes notwendig sind, stets geschont. Es gibt je nach Jahreszeit und Zyklus explizierte Schon- und Jagdzeiten. Auch die ***Notzeitfütterung***, etwa bei hohem Schnee, ist Teil der Tätigkeit von Jägerinnen und Jägern. Die Leistungen der Jagd für den Tierschutz werden heute unter wissenschaftlicher Begleitung weiterentwickelt.

## Die Zahlen sprechen für die Jagd.

Die Behauptung von Jagdgegnerinnen und Jagdgegnern, dass die Jagd einen negativen Einfluss auf die Natur hätte, wurde auch auf EU-Ebene aufgegriffen und entkräftet. 2020 wurde der EU State of Nature Report der Europäischen Umweltagentur veröffentlicht. Die Zahlen und Fakten stellen der Jagd ein gutes Zeugnis aus: Nur 0,66 Prozent am Gesamtanteil der negativen Umwelteinflüsse gehen auf Fehler in der Jagdausübung zurück. Den Löwenanteil verursachen die intensive Landwirtschaft (21,4 Prozent) und Entwicklungen wie Straßenbau oder Bodenversiegelung (12,9 Prozent). In Österreich liegt die Flächeninanspruchnahme im Durchschnitt der letzten drei Jahre bei rund 12 Hektar am Tag, davon entfallen knapp fünf Hektar auf neue Bodenversiegelung. Im Jahr entspricht dies rund 4.000 Hektar – also in etwa der Fläche von Eisenstadt.

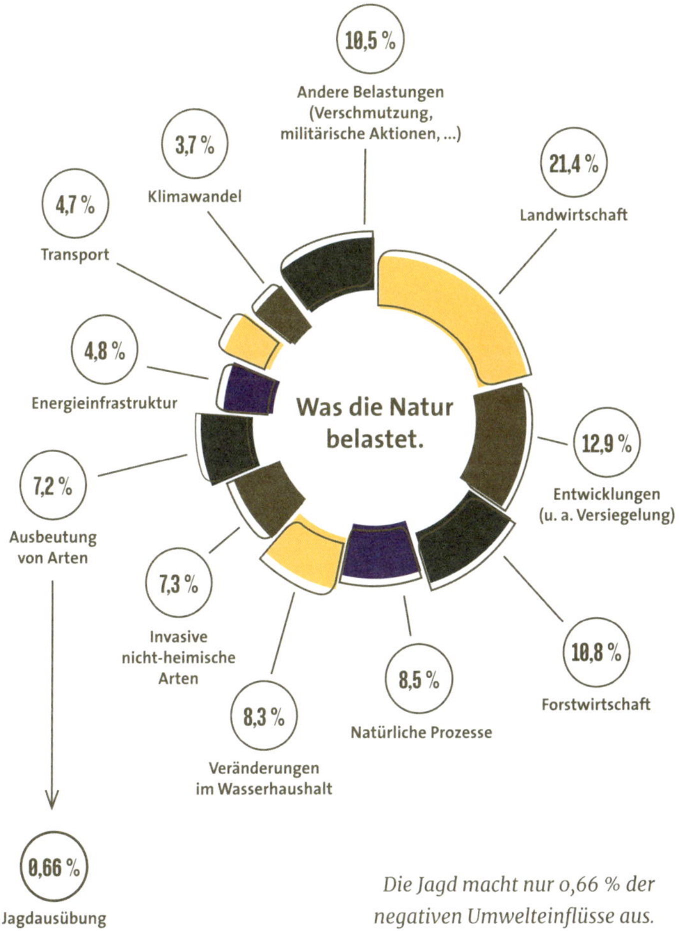


*Die Jagd macht nur 0,66 % der negativen Umwelteinflüsse aus.*

# Glossar

***Wildtierökologie*** *– Hier wird erforscht, wie Wildtiere in ihrer Umgebung leben. Dabei schaut man, wo sie leben, wie sie sich verhalten, wie viele es gibt und wie sie mit anderen Tieren und der Natur zusammenwirken. Ziel ist es, diese Wechselwirkungen zu verstehen.*

***Niederwild*** *– umfasst kleinere Wildtierarten, die vorwiegend auf Feldern und Wiesen leben und in der Jagd vom größeren Hochwild unterschieden werden.*

***„Ausräumung" der Landschaft*** *– Hierbei werden natürliche Strukturen wie Hecken und Feldraine entfernt, um Felder zu vergrößern. Dies zerstört Lebensräume, verringert die Artenvielfalt und fördert Bodenerosion.*

***Notzeitfütterung*** *– bezeichnet das gezielte Zufüttern von Wildtieren in Extremsituationen, in denen sie aus natürlichen Quellen nicht ausreichend Nahrung finden können. Dies geschieht häufig im Winter bei starkem Frost, hoher Schneelage oder Nahrungsknappheit durch Umweltbedingungen oder auch bei großer Trockenheit.*

*Jägerinnen und Jäger* **TÖTEN AUS SPASS, TRINKEN VIEL** *Alkohol und sind „Waffennarren“*

Wer auf die Jagd geht, ist eher ein problematischer Mensch und steht damit eigentlich am Rand der Gesellschaft. Denn Jäger saufen, sind Waffennarren und töten Tiere rein aus Spaß. Vom Tierschutz wollen sie nichts wissen. So lautet ein weitverbreitetes Vorurteil gegenüber Menschen, die auf die Jagd gehen. Auch ein grundsätzlich fragwürdiges Verhältnis zur Wahrheit – Stichwort „Jägerlatein“ – wird den Jägern nachgesagt. Alles in allem erscheint „der Jäger“ als fragwürdiger männlicher Typ, der in vielerlei Hinsicht aus der Zeit gefallen ist. Dass es sich dabei um Mythen und Vorurteile handelt und Jäger, auch Jägerinnen, Menschen wie du und ich sind, zeigt allerdings auch die Wissenschaft klar.

## Wer jagt, ist stabil und übernimmt Verantwortung.

Eine Studie der Universität Bremen unter der Leitung des Rechtspsychologen Dietmar Heubrock untersuchte 2006 eine große Gruppe deutscher Jägerinnen und Jäger hinsichtlich ihrer Persönlichkeitseigenschaften und Motive. Die Ergebnisse wurden mit den Studienergebnissen über Nicht-Jägerinnen und -Jäger verglichen. Die Wissenschafterinnen und Wissenschafter stellten in der Studie fest: Jägerinnen und Jäger sind im Vergleich zur Gesamtbevölkerung psychisch stabiler und zufriedener mit ihrer Lebenssituation. Sie sind im Schnitt weniger depressiv. Ärgerkontrollfähigkeit, Gerechtigkeitsempfinden und Konfliktbewältigungsfähigkeiten waren sogar besser ausgeprägt als bei der Kontrollgruppe. Die These des Rechtspsychologen zu den Studienergebnissen: Jägerinnen und Jäger übernehmen gerne Verantwortung und erleben häufiger Situationen, in denen genau diese Eigenschaften geprüft werden. Von gesellschaftlichen „Problembären" also keine Spur.

## Die Jagd wird immer weiblicher.

Falsch ist auch der Mythos, die Jagd sei reine Männersache. Das war vielleicht in der Vergangenheit so – wie in vielen anderen Bereichen, die Männerdomänen waren. Die Daten zeigen heute ein ganz anderes Bild. Auch in Österreich entdecken immer mehr Frauen die Jagd für sich. Bereits ein Fünftel der Personen, die in den vergangenen fünf Jahren die Jagdausbildung absolviert haben, sind Frauen – Tendenz weiter steigend. Auch hier zeigen die wissenschaftlich erhobenen Motivlagen ein anderes Bild als das Vorurteil: Die Hege der Natur, eine entschleunigte Umgebung im Gegensatz zum Alltag und die Gewinnung von gutem Wildbret sind wichtige Aspekte für Jägerinnen. Ein wesentliches Motiv ist auch das Verständnis für ökologische Zusammenhänge. Im Vergleich zu spezialisierten Naturkursen vermittelt eine Jagdausbildung das gesamte Spektrum des natürlichen Kreislaufs. Sie zeigt Wechselwirkungen zwischen dem Wildlebensraum und menschlichen Nutzungsinteressen sowie innerhalb der verschiedenen Wildarten auf.

Unabhängig vom Geschlecht gilt: Ein wichtiges Motiv zur Jagd ist und bleibt es, das hochwertige Naturlebensmittel Wildbret zu gewinnen. Dies ist auch in Zusammenhang mit dem steigenden Bewusstsein für Lebensmittelqualität und Herkunft von Lebensmitteln zu sehen. Der gesamte Gewinnungsprozess liegt in der Hand der Jägerinnen und Jäger – von der Beobachtung des Tieres oft über mehrere Monate und Jahre über die Entnahme aus der Natur bis zum fertigen, hochwertigen Gericht.

## Alkohol hat vor und auf der Jagd nichts verloren.

Dass Jägerinnen und Jäger sich auf Hochständen und im Wirtshaus systematisch betrinken, ist ein von Gegnerinnen und Gegnern der Jagd gern kultivierter Mythos. Die Realität ist jedoch eine andere – und erfordert zudem einen Blick auf den generellen Stellenwert von Alkohol in unserem Land und unserer Kultur. Tatsache ist: Österreich ist weiter ein „Hochkonsumland“ für Alkohol, auch wenn der tägliche Verbrauch pro Kopf langsam sinkt. Beim Alkoholkonsum liegt Österreich im EU-Vergleich im obersten Drittel. Etwa 15 Prozent der

Bevölkerung trinken in einem gesundheitsgefährdenden Ausmaß. Das liegt bei Männern bei einer Menge ab 60 Gramm Reinalkohol pro Tag (ungefähr eineinhalb Litern Bier oder drei Viertel Litern Wein), bei Frauen ab 40 Gramm (einem Liter Bier oder einem halben Liter Wein). Männer zeigen problematischen Alkoholkonsum ungefähr doppelt so häufig wie Frauen (19 Prozent bzw. elf Prozent), vor allem im Alter zwischen 40 und 70 Jahren.

*Männer vertragen mehr Alkohol als Frauen, sind aber von problematischem Konsum doppelt so häufig betroffen.*

Welche dramatischen Folgen der Alkoholkonsum auch für andere haben kann, zeigen Daten der Statistik Austria. So waren acht Prozent aller Straßenverkehrsunfälle mit Personenschaden im Jahr 2022 Alkoholunfälle (2.775 von 34.869). Dies entspricht dem höchsten Anteil seit Beginn der digitalen Aufzeichnungen im Jahr 1992. Bei diesen Unfällen wurden 3.519 Personen verletzt und weitere 26 getötet (sieben Prozent der insgesamt 370 Getöteten). Der Großteil, nämlich 85 Prozent aller alkoholisierten Beteiligten war 2022 männlich. Erhebliche Gefahren zeitigt der Alkoholkonsum auch beim Skisport: Laut „British Journal of Sports Medicine" ist mehr als jeder fünfte Unfall auf den Pisten einem missbräuchlichen Alkoholkonsum zuzuschreiben.

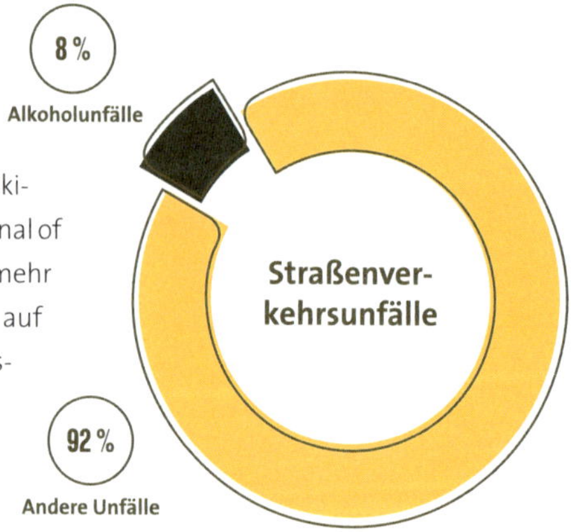

Für die Jagd gilt jedenfalls: Vor und auf der Jagd hat Alkohol keinen Platz. Wer nachweislich alkoholisiert zur Jagdwaffe greift, riskiert nach dem Waffengesetz als unzuverlässig zu gelten – und verliert neben der Waffenberechtigung auch die Jagdkarte. Der Brauch, auf gemeinsam Erlebtes und Erfolge anzustoßen, ist nicht nur nach einer Jagd zu beobachten, sondern prägt viele Bereiche unserer Gesellschaft. Wie ausschweifend ein derartiger Umtrunk ausfällt, liegt vor allem an den feiernden Personen.

## Wer jagt, muss mit Waffen professionell umgehen.

Der Zugang zu Waffen wird in vielen Ländern kontrovers diskutiert. Durch den illegalen Einsatz von Schusswaffen geraten Legalwaffenbesitzerinnen und -besitzer wie Jägerinnen und Jäger ins Schussfeld der Debatte um noch strengere Waffengesetze. Die Gleichsetzung von Jägerinnen und Jägern mit „Waffennarren" ist in diesem Zusammenhang ein bekanntes Vorurteil, aber vollkommen fehl am Platz. Die Jagdwaffe ist ein Präzisionswerkzeug und eine Investition, die bei guter Pflege Jahrzehnte lang hält. Der Umgang damit will und muss gelernt sein. Dies erfordert viel Sachkenntnis, etwa in der Frage der unterschiedlichen Kaliber, Schussdistanzen, Tötungswirkung, Sicherungsmechanismen, Handhabung und möglicher Gefahrenquellen. Darauf werden Jägerinnen und Jäger in der Ausbildung bestens vorbereitet. Sie müssen sich daher fundiert und professionell mit ihren Jagdwaffen beschäftigen. Wer das tut, den sollte man nicht gleich als „Waffennarr" diskreditieren – sondern als gewissenhaft und verantwortungsbewusst. Die Wahl der richtigen Projektile ist übrigens deshalb wichtig, um eine rasche, tierschutzkonforme Tötung des Wildtiers zu gewährleisten, was eines der obersten Gebote in der Jagd ist.

# Es gibt viele Motive für die Jagd.

Jagdgegnerinnen und Jagdgegner fordern oft ein Ende privater Jagd. Mit dem Schmähbegriff „Hobbyjäger“ wird seit Jahren versucht, die Leistungen und die Ausbildung der Jägerschaft herabzuwürdigen. Hauptkritikpunkt dabei ist, dass Jägerinnen und Jäger diese Tätigkeit aus eigener Motivation heraus freiwillig ausüben. Dabei wird oft pauschal ein Lustgewinn durch das Töten von Wildtieren unterstellt. Statt der privaten Jagd wird gefordert, dass „staatliche Stellen“ das Wildmanagement übernehmen. Dass sich auch Staatsangestellte für diese Tätigkeit freiwillig melden und Freude in ihrer Tätigkeit empfinden, blenden eingefleischte Gegnerinnen und Gegner der privaten Jagd aus. Tatsache ist: Die Motive der Jägerinnen und Jäger sind ganz unterschiedlich und lassen sich kaum in Schubladen pressen. Für viele steht das hochwertige Naturlebensmittel Wildbret im Vordergrund, andere suchen vor allem Ruhe und Abgeschiedenheit,

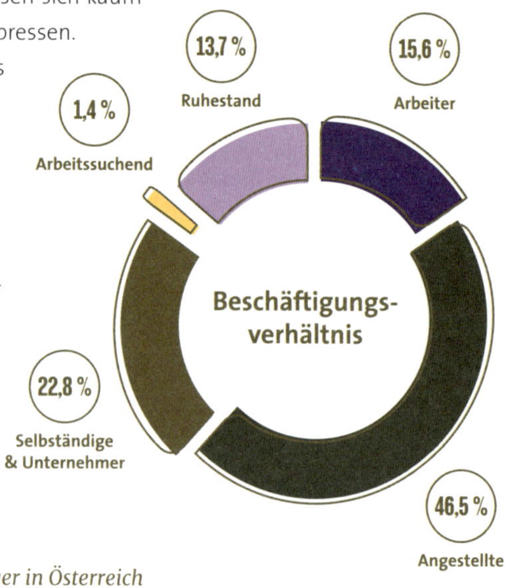


*Jägerinnen und Jäger in Österreich nach Beschäftigungsverhältnissen. Quelle: Umfrage von Jagdfakten.at*

für wiederum andere hat das Erlebnis der Jagd an sich besondere Bedeutung. Genauso wie die Jagd kein Privileg einer bestimmten Bevölkerungsschicht ist, sondern sich in allen ***Gesellschaftsschichten*** etabliert hat, kann auch die Motivation zur Jagd nicht eindeutig auf nur einen einzelnen Faktor reduziert werden. Es sind viele Motive, die zusammenspielen. Dass sich freut, wer sein Ziel erreicht, ist ein allgemeines menschliches Phänomen. Es gilt auch für die Jägerschaft, die tatsächlich Beute macht – ein Vorgang, der in der Natur alltäglich ist und den Menschen auch heute noch als integralen Teil dieser Natur ausweist.

## Glossar

***Gesellschaftsschichten*** – *Über 1.200 Jägerinnen und Jäger haben an der vorliegenden Umfrage teilgenommen. Nicht erfasst wurden dabei die Branchen. So muss hinzugefügt werden, dass viele Jägerinnen und Jäger im landwirtschaftlichen Sektor arbeiten. Jagd ist kein Privileg für wenige, sondern steht allen Menschen offen.*

„*Für die Jagd* **BRAUCHT** *es weder* **WISSEN** *noch* **AUSBILDUNG** *– Jagd ist ein Hobby*“

In den Wald gehen, blindwütig auf Tiere schießen – fertig. Für uninformierte Personen und Jagdgegnerinnen und -gegner im Speziellen ist die Jagd nur ein fragwürdiges Hobby, für das man nichts wissen und können muss. Außer, mit dem Gewehr möglichst viele Tiere zu treffen. Dass es für die Jagd weder Wissen noch Ausbildung braucht und zudem keine weiteren Voraussetzungen zu erfüllen sind, ist allerdings ein Märchen der Sonderklasse.

# Der Jagdschein erfordert doppelt so viel Aufwand wie der Führerschein.

Der Zugang zur Jagd ist in Österreich streng reguliert. Jagen darf nur, wer die Jagdprüfung bestanden hat und einen einwandfreien Leumund vorweisen kann. Wie herausfordernd eine fundierte Jagdausbildung ist, zeigt auch der Arbeitsaufwand für die von der Universität für Bodenkultur angebotene Jagdausbildung. Sie kann als Ersatz für den Besuch eines privaten Kurses oder als stark verdichteter Intensivkurs genutzt werden. Die Universität berechnet den Arbeitsaufwand laut dem European Credit Transfer and Accumulation System (ECTS) auf 25,5 ECTS-Anrechnungspunkte. Umgerechnet auf den durchschnittlichen Arbeitsaufwand für Studierende beträgt der gesamte Arbeitsaufwand für die BOKU-Jagdausbildung mit Vor- und Nachbereitung enorme 637,5 Arbeitsstunden. Zum Vergleich: Um die Führerscheinprüfung zu bestehen, muss man laut Gesetz 20 Theoriestunden und 18 Praxisstunden absolvieren. Dazu kommt ein Arbeitsaufwand von rund 270 Stunden Eigenstudium zur Prüfungsvorbereitung. Der Führerschein macht somit knapp die Hälfte des Arbeitsaufwandes der Jagdausbildung aus.

*Jagdausbildung an der BOKU*

*Führerscheinausbildung*

*Die Ausbildung zur Jagd erfordert doppelt so viel Aufwand wie die Absolvierung des Führerscheins.*

## Bei der Jagdprüfung geht es um viel mehr als um's Schießen.

Dass Jägerinnen und Jäger in Österreich sehr fundiert ausgebildet werden, wird auch an den Inhalten von Jagdkursen für die Jagdprüfung deutlich. Dabei geht es natürlich nicht nur um das Schießen, sondern auch um viel theoretisches Wissen. Konkrete Themen sind unter anderem:

1. *Wildtierkunde*
2. *Waldökologie*
3. *Naturschutz*
4. *Jagdrecht sowie Forst-, Naturschutz-, Tierschutz- und Waffenrecht*
5. *Jagdliches Brauchtum*
6. *Wildtierkrankheiten*
7. *Wildbret-Hygiene*
8. *Jagdhundewesen*
9. *Jagdbetrieb*
10. *Grundlagen der Land- und Forstwirtschaft*
11. *Interessensvertretung*
12. *Waffenkunde*
13. *Praktisches Schießen*

## Der Jagdschein vermittelt auch „maßgeschneidertes" regionales Wissen.

Die Jagd ist in Österreich gesetzlich auf Ebene der Bundesländer geregelt. Das ist neben der verfassungsmäßig garantierten Zuständigkeit auch deshalb sinnvoll, weil dadurch in der Ausbildung den unterschiedlichen topografischen Rahmenbedingungen besser entsprochen werden kann. In alpinen Ländern ist es zum Beispiel wichtig, detailliertes Wissen über hochalpine Wildarten zu erlernen – und weniger über Wildarten, welche nur in der Tiefebene vorkommen. Dies ist ein Grund, weshalb sich die Prüfungsordnungen beziehungsweise Ausbildungsschwerpunkte zur Jagdprüfung je nach der besonderen Situation im Bundesland unterscheiden. Jägerinnen und Jäger werden damit auch „maßgeschneidert“ für die Regionen des Landes ausgebildet.

## Jägerinnen und Jäger werden streng kontrolliert.

Dass die Jagd ein Hobby für Schießwütige ist, wird zwar behauptet. Tatsache ist: Wer jagen will, wird streng kontrolliert. Das fängt schon bei der Unbescholtenheit laut Strafregisterauszug und dem Mindestalter von 16 Jahren an – beides muss man vor der Prüfung nachweisen. Zudem haben Behörden die Möglichkeit und die Pflicht, Jagdkarteninhaberinnen und -inhaber hinsichtlich ihrer „waffenrechtlichen Verlässlichkeit“ zu überprüfen. Keine Verlässlichkeit besteht, wenn jemand alkohol- oder suchtkrank, psychisch krank oder kognitiv beeinträchtigt oder durch ein körperliches Gebrechen nicht in der Lage ist, mit Waffen sachgemäß umzugehen. Laut Waffengesetz hat die Behörde (Bezirkshauptmannschaft/Magistrat) die Verlässlichkeit der Inhaberin und des Inhabers eines Waffenpasses oder einer Waffenbesitzkarte zu überprüfen, wenn seit der Ausstellung der Urkunde oder der letzten Überprüfung fünf Jahre vergangen sind. Die Behörde hat außerdem die Verlässlichkeit der Inhaberin und des Inhabers einer waffenrechtlichen Urkunde zu überprüfen, wenn Anhaltspunkte dafür vorliegen, dass die oder der Berechtigte nicht mehr verlässlich ist. Ergibt sich ein Hinweis auf eine möglicherweise mangelnde Verlässlichkeit bei einer Inhaberin oder einem Inhaber einer Jagdkarte, so hat die Behörde dem nachzugehen. Es wird natürlich auch die sichere Verwahrung von Waffen kontrolliert. Die unangemeldeten Kontrollen führt die Polizei durch. Weiters fördern und prüfen auch die Jagdverbände selbst das Wissen und das Können ihrer Mitglieder. So ist etwa das Übungsschießen des NÖ Jagdverbandes Voraussetzung, um an einer Gesellschaftsjagd mit mehreren Schützen teilnehmen zu können. In Kärnten gibt es ein verpflichtendes Übungsschießen, bevor es auf die Pirsch gehen kann. Ebenfalls überprüfen beeidete Jagdaufseherinnen und -aufseher sowie Jagdschutzorgane den laufenden Jagdbetrieb. Sie haben die Aufgabe, dass sich Jägerinnen und Jäger an Abschussvorgaben und Sicherheitsbestimmungen halten. Eine weitere Leistungsüberprüfung bilden die öffentlichen Trophäen- beziehungsweise Hegeschauen, bei denen das Alter der erlegten Wildtiere von einer Expertenkommission geprüft wird – und wo auch Strafen erfolgen können, wenn festgelegte Richtlinien nicht erfüllt werden. Zudem gibt es die sogenannte Grünvorlageverpflichtung bei bestimmten Wildarten. Dies bedeutet die Überprüfung des frischerlegten Wildtieres bei Rotwild und Gamswild durch einen von der Behörde beauftragten Jäger – oder eine Jägerin.

## Die Jagd ist kein Hobby, sondern Motor für Wertschöpfung.

Die Jagd in Österreich trägt durchschnittlich rund 731 Millionen Euro pro Jahr zur Wertschöpfung am regionalen Bruttoinlandsprodukt bei, zeigte eine Studie des Ökonomen Friedrich Schneider aus dem Jahr 2017. Darüber hinaus wurde erhoben, dass die Jagd ehrenamtliche Leistungen von 10,6 Millionen Stunden pro Jahr im Wert von etwa 240 Millionen Euro erbringt. Ein Beitrag, den sich die Allge-

*Anzahl der Jägerinnen und Jäger im Jahr 2017*

meinheit beziehungsweise die öffentliche Hand jedes Jahr erspart. Insgesamt nähert sich die Wirtschaftsleistung der Jagd damit der Milliardengrenze. Die Anzahl der Jägerinnen und Jäger ist in der Zwischenzeit von 127.000 zum Zeitpunkt der Studie 2017 auf über 132.000 im Jahr 2024 gestiegen. Der Wirtschaftsfaktor Jagd und seine positiven Effekte auf die Wertschöpfung in Österreich haben somit weiter an Bedeutung gewonnen.

*Anzahl der Jägerinnen und Jäger im Jahr 2024*

## Jagen fordert und fördert die Weiterbildung.

Mit der Jagdprüfung sind die Bildung und Weiterbildung von Jägerinnen und Jägern noch lange nicht abgeschlossen. Über die Jagdausbildung hinaus bieten die Landesjagdverbände zahlreiche Weiterbildungskurse an. So zählt die Ausbildung zur sogenannten „kundigen Person“ zur Weiterbildung: Die Beschau eines erlegten Wildtiers durch eine „kundige Person“ ist Voraussetzung für die Vermarktung und den Verkauf des Wildbrets. Über die zahlreichen Weiterbildungsmöglichkeiten hinaus gibt es zudem eine Vielzahl von Sachbüchern zur Jagd. Die Jagdliteratur beschäftigt sich unter anderem mit Wildbretverarbeitung und -hygiene. Zum Weiterbildungsmaterial gehören zudem die zahlreichen Jagdmagazine, in denen Jagdthemen wissenschaft-

lich fundiert aufgearbeitet und neueste Erkenntnisse aus der Wildtierökologie diskutiert werden. Die Jagd kann man seit 2008 an der Universität für Bodenkultur sogar studieren – und akademischer Jagdwirt beziehungsweise akademische Jagdwirtin werden. Mehr Bildung und Wissen rund um die Jagd geht nicht.

„*Die Jagd* **HAT** *keinen* **NUTZEN**“

Die Jagd ist eine Freizeitbeschäftigung für jene, die es sich leisten können. Gesellschaftlicher Nutzen ist damit keiner verbunden – nur Schaden durch den unnötigen Tod von Tieren: Diese Argumentation hört man von Jagdgegnerinnen und Jagdgegnern immer wieder. Menschen, die wenig über die Jagd wissen, können dieser Erzählung nicht viel entgegensetzen. Die Fakten können das allerdings schon. Denn der Nutzen der Jagd ist in unterschiedlichen Dimensionen erheblich – nicht nur für Wohlstand, qualitative Lebensmittelversorgung und Bekleidung, sondern auch für Kunst und Kultur sowie vor allem für Tierwelt und Natur. Dass die Jagd während der Corona-Pandemie als „systemrelevant“ klassifiziert wurde, zeigt einmal mehr ihren gesellschaftlichen Wert und Nutzen.

# Die Jagd fördert Wohlstand in den Regionen.

Die Jagd ist ein Wirtschaftsfaktor, den man alles andere als geringschätzen darf. Eine Studie des Ökonomen Friedrich Schneider hat 2017 gezeigt, dass die Jagd in Österreich durchschnittlich rund 731 Millionen Euro pro Jahr zur Wertschöpfung am regionalen Bruttoinlandsprodukt beiträgt (siehe auch voriges Kapitel). Die gesamte Wirtschaftsleistung der Jagd näherte sich schon damals der Milliardengrenze. Schätzungen gehen davon aus, dass die positiven wirtschaftlichen Effekte der Jagd weiter an Bedeutung zugenommen haben. Dazu kommen direkte und indirekte Steuern und Abgaben durch die Jagd, die laut Studie 2017 bereits 272,81 Millionen Euro betrugen. Die Jagd in Österreich hat daher erheblichen wirtschaftlichen und sozialen Nutzen. Und so, wie sie bei uns organisiert ist, erspart sie uns auch viel Steuergeld. Der Schweizer Kanton Genf – er ist kleiner als die Stadt München – ist in den 1970er Jahren auf Staatsjägerinnen und -jäger umgestiegen. Das kostet die Steuerzahlerinnen und Steuerzahler in Genf jährlich 1,23 Millionen Euro. In Österreich würde ein ähnliches Modell mit hauptberuflichen Jägerinnen und Jägern Kosten in Höhe von über 240 Millionen Euro jährlich verursachen.

*Volkswirtschaftliche Analyse der ökonomischen Bedeutung der Jagd (2017):*

| Jahr | Input/ Variable in Mio. Euro | BIP in Mio. Euro | Massen-einkommen in Mio. Euro | Beschäftigung/ Personen |
|---|---|---|---|---|
| **Ausgaben der Jagdwirtschaft** | | | | |
| ø 2008 – 2017 | 557,02 | 731,70 | 316,17 | 5.887 |

*Zusammenfassung der volkswirtschaftlichen Wertschöpfungsanalyse*

| Jahr | indirekte Steuern | direkte Steuern und Sozialabgaben |
|---|---|---|
| Summe | 1.463,40 | 1.264,67 |
| Durchschnitt | 146,34 | 126,47 |

*Zusammenfassung der steuerlichen Effekte*

## Die Jagd schafft Lebensraum für Pflanzen und Tiere.

Jägerinnen und Jäger erbringen wichtige Leistungen für Kulturlandschaften und für die Tierwelt. Sie stärken damit die Biodiversität in den unterschiedlichsten Regionen unseres Landes. Zu den Aufgaben der Jägerinnen und Jäger zählen neben der Regulierung der Wildbestände schließlich Entwicklung und Erhalt von Lebensräumen für alle Wildtiere. Sie säen, pflanzen und pflegen dafür unter anderem Blüh- und Stilllegungsflächen, Wildäcker, Gewässerrandstreifen und Hecken. Davon profitieren die verschiedensten Tier- und Pflanzenarten. Jägerinnen und Jäger legen außerdem Wasserstellen an, wie Tränken, Teiche und kleine Seen. So schaffen sie Rückzugsgebiete und Nahrungsflächen für alle wildlebenden Säugetiere, Vögel, Reptilien, Amphibien und Insekten. Durch diese Lebensraumverbesserungen wirken die Jägerinnen und Jäger auch dem immer stärkeren Lebensraumverlust der Wildtiere durch Verbauung, Freizeitnutzung oder intensive Bewirtschaftung nachhaltig entgegen. In Summe wenden Österreichs Jägerinnen und

*10 Millionen ehrenamtliche Stunden*

Jäger jährlich über 10 Millionen ehrenamtliche Stunden in ihrer Freizeit auf, um diese Leistungen zu erbringen. Alleine in Niederösterreich wurden in den letzten 40 Jahren von Jagd und Landwirtschaft gemeinsam in über 4.000 Projekten rund 3,6 Millionen Bäume und Sträucher gepflanzt.

*3,6 Millionen Bäume und Sträucher gepflanzt*

## Die Jagd unterstützt eine bessere Anpassung an den Klimawandel.

Die Leistungen der Jagd sind gerade angesichts des Klimawandels von großem Nutzen. Denn die Jägerinnen und Jäger unterstützen mit ihren Aktivitäten ein gut funktionierendes Ökosystem, das Herausforderungen, wie die Zunahme von Hitzetagen und Wetterextremen, besser abfedern kann. Die von der Jagd geschaffenen Lebensräume sind insbesondere im Winter, bei Hitzeperioden oder unmittelbar nach der Ernte wichtige Rückzugsgebiete für Wildtiere, die ihnen Schatten, natürliche Nahrung sowie Schutz und Deckung bieten. Die Jagd unterstützt damit auch die bessere Anpassung an den Klimawandel.

## Die Jagd sorgt für die richtige Balance.

Wenn Ökosysteme aus der Balance geraten, sind meist massive Nachteile für Biodiversität und Artenvielfalt die Folge. Die Jagd sorgt durch gezielte, klug geplante Eingriffe dafür, dass das Gleichgewicht in unseren Naturlandschaften stimmt. Sie nützt damit auch den Wildtieren, weil sie die Wildpopulationen – etwa in Bezug auf Pflanzenfresser und

Fleischfresser – in einer verträglichen Balance hält. Aufgrund ihrer Hegepflicht hat die Jagd zudem die Aufgabe, Wildtierbestände gesund zu halten. Kranke und verletzte Tiere werden entnommen. Tiere werden damit auch vor Wildkrankheiten und Seuchenzügen bewahrt beziehungsweise werden die damit verbundenen Gefahren reduziert.

Eine wichtige Rolle spielen darüber hinaus die strengen Abschusspläne für Rotwild, Rehwild, Gamswild, Auerwild, Birkwild, Muffelwild, Damwild und Murmeltier. So wird exakt darauf geachtet, dass die Alters- und Sozialstruktur der Wildtiere nach wildökologischen Erkenntnissen verbessert und für jede Wildart artspezifisch eingehalten wird. Gemeinsam mit Grundeigentümerinnen und -eigentümern sowie anderen Stakeholdern werden Lenkungskonzepte wie etwa eine ***„wildökologische Raumplanung“*** erarbeitet, die Wildtiere von heiklen Arealen weglenkt. Zudem werden Ausgleichsflächen und ***Habitatkorridore*** zur Vernetzung der verschiedenen Populationen angelegt, um einer genetischen Verinselung vorzubeugen.

## Die Jagd sichert Erholungsgebiete für Menschen.

Mit den Maßnahmen zur Verbesserung von Lebensräumen – etwa durch Blüh- und Stilllegungsflächen, Wildäcker, Gewässerrandstreifen und Hecken – sorgt die Jagd gemeinsam mit der Landwirtschaft auch dafür, dass wertvolle Kulturlandschaften und Erholungsgebiete für Menschen erhalten bleiben. Wer gerne „in der Natur“ unterwegs ist, weiß oft nicht, dass er die attraktiven Kulturlandschaften und funktionierenden Ökosysteme auch den Jägerinnen und Jägern verdankt. Abgesehen davon sorgt die Jagd für natürliche kulinarische Genüsse und beste Lebensmittelqualität: Der österreichische Wildbret-Verzehr von

700 Gramm pro Jahr bedeutet, dass uns die Jagd 40.689.000 qualitativ hochwertige Mahlzeiten beschert. Ihren Nutzen kann daher auch jede und jeder schmecken.

## Die Jagd ist Kulturgut.

Nicht zu übersehen sind auch Nutzen und Impulse der Jagd für Kultur und künstlerisches Schaffen – und das in vielen künstlerischen Disziplinen, von der Malerei über die Literatur bis zur Musik. Musikalische Werke, wie die Oper „Der Freischütz" von Carl Maria von Weber oder das „Jagd-Scherzo" von Anton Bruckner, sind ebenso fixer Teil unserer Hochkultur wie Gemälde von Pieter Bruegel d. Ä., Peter Paul Rubens oder Claude Monet, die Motive der Jagd thematisieren. Die Jagd ist fundamental mit der Geschichte und der Kultur der Menschheit verbunden und spielte in vielen Kulturen und Zeitepochen eine wichtige Rolle.

Die Impulse der Jagd reichen weit in unsere Alltagskultur hinein, wie sich an der Volksmusik oder Kleidungsstücken wie der Lederhose, die im Original aus Hirschleder gefertigt ist, zeigt. Die Jagd ist eben auf das Engste mit unserer Kultur und Kunst verbunden. Die Weidmannssprache ist im Übrigen die älteste Fachsprache der Welt – und durch ihre präzise Begrifflichkeit und Bildlichkeit alles andere als „Jägerlatein". Sprechen Jägerinnen und Jäger etwa vom Teller oder von den Löffeln, so meinen sie die Ohren des Wildschweins (Teller) und die Ohren des Feldhasen (Löffel) – und das aus sichtbarem Grund:

*Löffel*

*Teller*

Auch die Vielzahl der Hunderassen, die das Leben der Menschen bereichern, ist der Züchtung zu Zwecken der Jagd zu verdanken. Von den über 350 Hunderassen sind 90 Prozent gezielt für die verschiedenen Jagdarten gezüchtet worden. Der beste Freund des Menschen ist damit vor allem eines: ein Jäger. Spezielle Formen der Jagd wie die Falknerei sind Teil des Weltkulturerbes der UNESCO. Die Jagd schafft eben vielfältigen Nutzen und bereichernde Impulse für alle. Man muss keine Jägerin und kein Jäger sein, um davon zu profitieren.

*Für die Jagd gezüchtete Hunderassen*

*Andere Hunderassen*

## Glossar

***Wildökologische Raumplanung*** *– ist ein Instrument für ein integratives Wildtier- und Habitatmanagement auf Grundlage ökologischer (Lebensraum und Wildtierverhalten) und sozioökonomischer (Interessen verschiedener Landnutzergruppen) Überlegungen zur Vermeidung von Wildschäden und zur Lebensraumsicherung von Wildtieren.*

***Habitatkorridore*** *– sind Verbindungen zwischen Lebensräumen, die Tieren Wanderwege bieten. Sie ermöglichen den Austausch zwischen Populationen und fördern den Erhalt der Artenvielfalt. Beispiele sind Grünbrücken über Straßen.*

„*Wildbret ist* **UNGESUND** *und* **SCHWER** *zuzubereiten*“

Dass Fleisch von Tieren aus freier Wildbahn ungesund ist, hört man von ernährungsbewussten Jagdgegnerinnen und Jagdgegnern immer wieder. Trotzdem handelt es sich dabei um ein Märchen. Gerade im Vergleich mit Rind- und Schweinefleisch oder mit Geflügel aus der Massentierhaltung hat uns das natürlich gewachsene Wildbret nämlich sehr viel zu bieten – und das nicht nur geschmacklich, sondern auch in ernährungsphysiologischer Hinsicht.

# Wildbret ist gesund.

Wildbret zählt neben Fisch zu den reichhaltigsten Eiweißquellen. Es übertrifft sogar den Proteingehalt von Fleisch aus landwirtschaftlicher Produktion. Wildbret kann vom menschlichen Körper außerdem besonders leicht in eigenes Protein umgewandelt werden. Es eignet sich damit auch perfekt für den Muskelaufbau. Wildbret weist einen geringen Fett- und Bindegewebeanteil auf und ist äußerst cholesterinarm. Kein Wunder, dass es oft in der Diätküche verwendet wird. Außerdem ist Wildbret reich an den wichtigen Omega-3- und Omega-6-Fettsäuren. Diese Fettsäuren gibt es außer in Wildbret nur in Fischen und in pflanzlichen Ölen.

Wie gesund Wildbret von freilebenden Tieren ist, zeigt der direkte Vergleich mit Fleisch von Wild, das in Zuchtgehegen gehalten wird: Untersuchungen dokumentieren, dass Zuchtwild erhöhte Gesamtfettgehalte aufweist. Gründe dafür sind eingeschränkte Bewegungsfreiheit und Zufütterung.

## Warum uns Wildbret gut tut

- *leicht verdauliches Eiweiß*
- *geringer Fettanteil, wenig Cholesterin*
- *wenig Bindegewebe*
- *feinfaserige Muskelstruktur*
- *hoher Anteil an Omega-3- und Omega-6-Fettsäuren*
- *frei von Medikamenten, Hormonen und Mastfutter*
- *reich an Mineralstoffen wie Kalium, Phosphor, Eisen, Kupfer und Zink sowie an Vitamin B2*

## Fettsäuren-Check

*Ungesättigte Fettsäuren haben sehr positive Wirkungen. Sie schützen uns vor Herz-Kreislauf-Erkrankungen, weil sie Bluthochdruck entgegenwirken. Ungesättigte Fettsäuren sind lebensnotwendig, können jedoch vom Körper nicht selbst hergestellt werden. Vor allem Omega-3- und Omega-6-Fettsäuren sind zu einem hohen Anteil und in einem ausgewogenen Verhältnis im Wildbret enthalten.*

**FELDHASE**
66,5 % mehrfach ungesättigte Fettsäuren (davon 22,9 % Omega-3).

**REH**
65,4 % mehrfach ungesättigte Fettsäuren (davon 15 % Omega-3)

**LACHS**
33,5 % mehrfach ungesättigte Fettsäuren (davon 27,8 % Omega-3)

# Wildbret ist ein echtes Naturprodukt.

Wildbret aus freier Wildbahn ist frei von medikamentösen Behandlungen, Schlachtstress und Transportwegen. Denn Wildtiere bewegen sich uneingeschränkt in der freien Natur. Sie fressen Wildkräuter, Gräser und Früchte aus ihrem natürlichen Lebensraum. Natürlicher geht es eigentlich nicht. Die Kritik, dass Wildbret aufgrund von Bleimunition für Menschen gesundheitsgefährdend ist, geht ins Leere: Das deutsche Bundesministerium für Ernährung und Landwirtschaft kommt auf Basis umfangreicher Untersuchungen zum Schluss, dass mit Ausnahme von Kleinkindern und Schwangeren „die zusätzliche Aufnahme an Blei über Wildfleisch gegenüber der Gesamtaufnahme an Blei über alle anderen Lebensmittelgruppen toxikologisch unbedeutend" ist.

*www.jagdfakten.at*

## Wildbret ist ein regionales und klimafreundliches Lebensmittel.

Wildbret wird nicht nur ökologisch unbedenklich und tierschutzgerecht erzeugt. Es wird auch direkt vor unseren Haustüren gewonnen. Transport und Verarbeitung belasten die Umwelt kaum. Wildtiere leben ja bis zur Erlegung völlig frei – es gibt daher keine Haltung und auch keine Tiertransporte. Wild wird in Österreich unmittelbar nach der Erlegung in einen Kühlraum transportiert und dort unter strengen veterinärbehördlichen Auflagen untersucht und weiterverarbeitet.

### *Nährwerte im Vergleich*

**RINDFLEISCH**

16-19 % Eiweiß, 10-34 % Fett und 0,3-0,5 % Kohlenhydrate

**REHWILD**

21-23 % Eiweiß, nur 0,7-6 % Fett und
0,3-0,5 % Kohlenhydrate

**ROTWILD**

18-22 % Eiweiß, 1-5 % Fett und
0,2-0,5 % Kohlenhydrate

**HEIMISCHES GEFLÜGEL**

17-21 % Eiweiß, 5-25 % Fett und
< 0,1 % Kohlenhydrate

**WILDENTE**

19-23 % Eiweiß, 2-3 % Fett und
0,3-0,5 % Kohlenhydrate

## Wildbret ist einfach zuzubereiten.

Fleisch von Wildtieren hat nicht nur einen angenehmen Geschmack und einen hohen Genusswert dank zarter Muskelfasern. Es ist auch einfach zuzubereiten – und das bei kurzer Garzeit. Fleischstücke von der Keule eignen sich besonders gut zum Kurzbraten, Backen oder Grillen – die Hüfte, die Rolle, die Unterschale oder auch die Oberschale. Die Nuss eignet sich für längere Zubereitungsme-

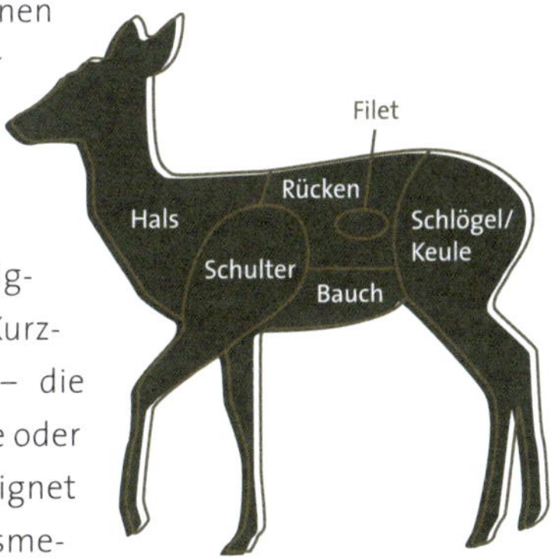

thoden wie das Schmoren. Dabei wird sie besonders zart. Aus den Schultern sowie dem Nackenfleisch lassen sich hervorragende Schmor- oder faschierte Gerichte wie Steirisches Wurzelfleisch, Burger oder orientalische Tajine herstellen. Wildgeflügel wie Wildenten-, Tauben- oder Fasanenbrüste schmecken rosa gebraten am besten. Es spricht viel dafür, das klassische Rind- oder Schweinefleisch öfter durch heimisches Wildbret zu ersetzen.

## Tipps für den Wildfleisch-Genuss

- *Durch den geringen Fettanteil lässt sich Wildfleisch besonders gut und lange einfrieren, ohne an Geschmack zu verlieren.*
- *Beim Faschieren sollte man immer etwas Schweinefleisch (Bauchfleisch oder Rückenfett) zugeben, da das Wildfleisch zu wenig Eigenfett besitzt und das Faschierte ohne das zugesetzte Fett zu trocken würde.*
- *Grundsätzlich können Fleischteile von Haarwild (Wildschwein, Reh, Hirsch, Hase etc.) etwa zwölf Monate und Fleischteile von Federwild (Fasan, Ente etc.) etwa sechs Monate gelagert werden. Auf* ***www.wild-oesterreich.at*** *sind viele regionale Anbietende, darunter Jägerinnen und Jäger, Restaurants und Veredelungsbetriebe in einer interaktiven Österreichkarte eingetragen. Die Plattform kann auch über eine App genutzt werden.*

KUSS DEN
KOCH

# Die schnelle Wildbret-Küche

## Rosagebratener Rehrücken

### *Zutaten:*

Rehrücken
1 EL Butter
Salz und Pfeffer

### *Zubereitung:*

Rehrücken halbieren und mit Salz und Pfeffer würzen. Den Ofen auf 130 °C Umluft vorheizen und das Fleisch in einer Pfanne mit 1 EL Butter scharf rundum anbraten. Auf ein Gitter legen und 7-8 Minuten im vorgeheizten Ofen fertig garen. Herausnehmen und in der Wärmelade oder im Ofen 10 Minuten rasten lassen. Dafür Ofen öffnen, auf 60 °C herunterschalten und 5 Minuten offen lassen (zum Herunterkühlen). Auf diese Weise kann das Fleisch bis zu 30 Minuten warm gehalten werden. Beilagen nach eigener Wahl dazu anrichten.

## Geschmorter Wildschweinbraten

### *Zutaten:*

Wildschweinfleisch
Salz und Pfeffer
Ingwer
Senf
Knoblauch
Kümmel
Zwiebel
Piment
Wacholderbeeren
1 El Schweineschmalz
Suppe oder Wasser
Maizena

### *Zubereitung:*

Fleisch mit Salz, Pfeffer und Ingwer kräftig einreiben. Mit Senf dünn bestreichen, Knoblauch pressen und ebenfalls verreiben. Leicht mit Kümmel bestreuen. Zwiebel schälen, grob schneiden, Piment und Wacholderbeeren im Mörser grob zerstoßen und zum Braten geben. 1 EL Schweineschmalz daraufsetzen und bei 200 °C im Rohr 20 Minuten braten. Dann Temperatur auf 170 °C reduzieren und weitere 1,5 Stunden braten. Dabei immer wieder Suppe oder Wasser untergießen und den Braten wenden. Nach dem Bratvorgang den Braten herausnehmen, in Alufolie wickeln und rasten lassen. Inzwischen den Saft durch ein grobes Sieb gießen und mit einem Schneebesen passieren. Rückstände entfernen.

Den Bratensaft aufkochen und wenn gewünscht mit Maisstärke (Maizena) etwas eindicken. Braten in dünne Scheiben schneiden, auf Rotkraut und Gnocchi anrichten und mit Bratensaft übergießen.

## Gamsragout

### Zutaten:

Gamsschulter
Zwiebeln
Karotten
Knollensellerie
Porree
Speck
Paprikapulver
Knoblauch
Rotwein
Wacholderbeeren
Salz und Pfeffer
Lorbeerblätter
Rosmarin
Thymian
Majoran
Schokolade
Preiselbeerkompott
Crème fraîche
Öl und Wasser

### Zubereitung:

1. Gamsschulter in 2 cm große Würfel schneiden.
2. Zwiebeln, Karotten, Knollensellerie waschen, schälen und in 1 cm große Würfel schneiden. Porree der Länge nach halbieren, waschen und in 1/2 cm breite Streifen schneiden. Speck in 1/2 cm große Würfel schneiden.
3. Geschnittenen Speck und Zwiebeln in Öl anrösten. Geschnittene Karotten, Knollensellerie und Porree zugeben und mitrösten. Danach würfelig geschnittene Gamsschulter mitrösten. Paprikapulver zugeben und mit Rotwein ablöschen. Knoblauch schälen und fein hacken. Ragout mit gehacktem Knoblauch, Wacholderbeeren, Salz, Pfeffer, Lorbeerblättern, Rosmarin, Thymian, Majoran, Schokolade und Preiselbeerkompott würzen.
4. Fleisch mit Wasser aufgießen und zirka 1,5 Stunden zugedeckt dünsten.
5. Wacholderbeeren und Lorbeerblätter aus dem Ragout entfernen. Crème fraîche glattrühren und in das Ragout einrühren.

Als Beilagen empfehlen sich cremige Polenta oder Kroketten.

„*Die Jagd ist der* **REICHEN, MÄNNLICHEN ELITE** *vorbehalten*“

Mann, reich, Schnösel: Wenn Jagdgegnerinnen und -gegner von Jägern sprechen, sind solche Stereotype nicht weit. Der Prototyp des Jägers ist vor allem immer noch der „alte weiße Mann", der sich die Jagd leisten kann, so das Märchen. Dass es Jägerinnen gibt, wird ohnehin meist negiert. Dass dieses gestrige Bild jedoch nichts mehr mit der Realität zu tun hat, zeigen die Fakten klar.

## Die Jagd wird immer weiblicher und immer jünger.

Bereits über 25 Prozent der Kursplätze von Jagdkursen werden von jungen Frauen belegt, Tendenz stark steigend. Der Gesamtanteil von Frauen in der Jagd liegt in Österreich bei rund zwölf Prozent. Auch hat sich die Alterskurve stark verjüngt. Während 2015 das Durchschnittsalter noch bei rund 58 Jahren bei den Männern und bei rund 52 Jahren bei den Frauen lag, sind beide Durchschnittswerte um sechs Jahre gesunken.

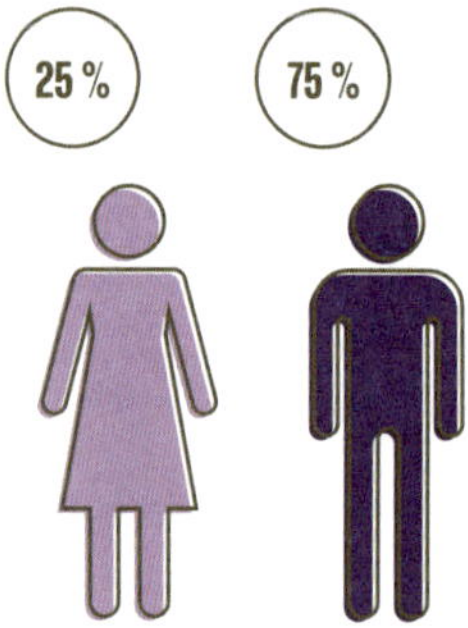


*Rund 25 Prozent der Jagdkursplätze werden von jungen Frauen belegt.*

*Der Gesamtanteil von Frauen in der Jagd beträgt ca. 12 Prozent.*

## Die Jagd ist für alle offen.

Die Jagd ist kein Privileg eines bestimmten „Standes", wie oft suggeriert wird. Ganz unterschiedliche gesellschaftliche Schichten sind unter den Jägerinnen und Jägern anzutreffen. Rund 62 Prozent der Jägerinnen und Jäger sind Arbeiterinnen und Arbeiter oder Angestellte. 23 Prozent sind selbständig und 15 Prozent üben die Jagd aus dem Ruhestand aus. Die Jagd spiegelt gesellschaftliche Vielfalt viel stärker wider, als viele glauben.

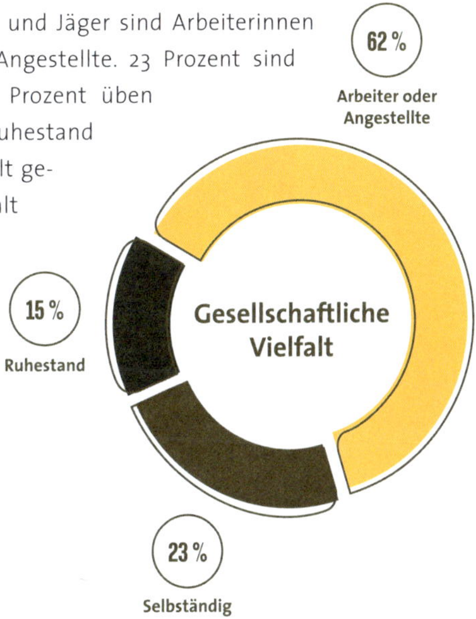


## Die Jagd ist leistbar.

Dass die Jagd sehr kostspielig ist, ist ebenfalls ein Vorurteil, welches zunehmend von der Realität eingeholt wird. So belaufen sich die Kosten für die Teilnahme an einem Jagdkurs je nach Anbietendem und Bundesland auf rund 1.000 Euro. Hinzu kommen Kosten für die Ausrüstung wie Kleidung, Jagdgewehr und Munition. Diese Anschaffungskosten haben sich in den letzten Jahren drastisch reduziert, da die Herstellerfirmen unter anderem mit Jungjäger-Rabatten den Einstieg erleichtern. Im Vergleich dazu können die Kosten für hochwertige Sportgeräte, wie etwa Mountain-Bikes, deutlich höher ausfallen. Einen limitierenden Faktor stellen allerdings die Jagdgebiete dar. In Österreich gibt es rund 12.000

Jagdreviere. Eine dauerhafte Beteiligung an der Pacht eines solchen Gebietes ist je nach Größe des Gebietes mit entsprechenden Kosten verbunden und richtet sich auch danach, wie viele Jägerinnen und Jäger sich die Betreuung des Revieres teilen möchten. Neben fixen Beteiligungen werden allerdings auch Jagderlaubnisscheine und Abschussverträge angeboten, die günstig und befristet oder nur für eine bestimmte Wildart erworben werden können.

## Jagdverbände bieten Service und Sicherheit.

Auch die jährlichen Mitgliedsbeiträge bei den entsprechenden Landesjagdverbänden fallen eher in die Kategorie „überschaubar" im Vergleich zu den sonstigen Ausgaben (Munition, Kleidung und dergleichen). Sie variieren von Bundesland zu Bundesland zwischen rund 100 und 170 Euro. Inkludiert in diese Beträge sind die notwendige Pflichtversicherung, die Interessensvertretung, Einladungen zu Versammlungen sowie der Bezug eines Fachmagazins zur Information und Weiterbildung.

## Jagdverbände leben Demokratie.

Am Klischee der reichen, männlichen und autoritären Elite kratzen aber nicht nur die finanziellen Fakten, sondern auch die demokratische Struktur der Jagdverbände. In sieben von neun Bundesländern wird die Jagd durch jeweils einen Landesjagdverband vertreten, der als Körperschaft des öffentlichen Rechts geführt wird und in dem die Mitgliedschaft der Jägerinnen und Jäger verpflichtend ist. Die Beteiligung am demokratischen Prozess innerhalb der Organisation (beispielsweise die Wahl der Bezirksjägermeisterinnen und -meister, Landesjägermeister und dergleichen) steht allen Mitgliedern offen. Die Jägerinnen und Jäger organisieren sich demokratisch und selbst.

„**ÖSTERREICH BRAUCHT** *ein zentralisiertes* **BUNDES-JAGDGESETZ**“

Die Jagd ist in Österreich – wie viele andere Gesetzesmaterien – laut Bundesverfassung in den Jagdgesetzen der Bundesländer geregelt. Daher gibt es in jedem der neun Bundesländer ein eigenes Landesjagdgesetz – und damit auch eine eigene Jagdkarte. Die Bestimmungen der neun Landesjagdgesetze in Österreich sind in vielen Bereichen inhaltlich deckungsgleich. Sie gehen aber in manchen Bereichen auf landesspezifische Entwicklungen und Rahmenbedingungen ein. Auch die unterschiedlichen ökologischen Voraussetzungen, etwa für Schonzeiten, sind in den Landesgesetzen berücksichtigt.

Das System wird trotzdem manchmal kritisiert. Die Bundesebene soll es richten – und für einheitliche Regelungen sorgen. Doch die bereits bestehende Rechtslage hat sich vielfach bewährt. Dass Österreich unbedingt ein Bundes-Jagdgesetz braucht, ist also ein (politisches) Märchen. Denn Anhängerinnen und Anhängern dieser Idee geht es weniger um Wildtiere und Jagd als um gesellschaftspolitische Vorstellungen, die mit Ökologie, Tierschutz und Tierwohl wenig bis nichts zu tun haben.

## Ein Bundes-Jagdgesetz wäre vor allem ein Anti-Jagd- und ein Anti-Wild-Gesetz.

Ein Bundes-Jagdgesetz würde die Jagd in Österreich in der bewährten Form unmöglich machen und den Druck auf die Wildtierpopulationen massiv erhöhen. So zeigt eine internationale Zusammenschau, dass zentralistische Jagdgesetzgebungen das Risiko bergen, ideologisch getrieben die Bedürfnisse auf regionaler Ebene zu ignorieren. In diesem Zusammenhang werden oft vordergründig gut klingende Forderungen erhoben, wie man die Jagdausübung angeblich ändern sollte. Es wird aber nicht argumentiert, warum das auf Bundesebene geschehen müsste. Dafür gibt es auch tatsächlich keine Gründe. Denn die nötigen Anpassungen der Jagd an die Erfordernisse der Zeit und der Region werden vor Ort auf Landesebene effizienter diskutiert und gesetzlich geregelt. Es bringt wenig, etwa die Jagd im Hochgebirgsland Tirol gleich zu regeln wie für die Gebiete Ostösterreichs. Zudem werden auch Themen vermischt, die nichts mit der gesetzgebenden Ebene zu tun haben. So prangern Jagd- und Wildgegnerinnen und -gegner oft die Fütterung von Wildtieren in Notzeiten an (siehe ab S. 98) und fordern stattdessen höhere Abschussquoten. Das ist aber weder „ökologisch" noch „tiergerecht" – sondern schlicht ein politisch motivierter Angriff auf die Jägerinnen und Jäger als Fürsprechende der Wildtiere. Wichtiger wäre es, sich für eine sinnvolle Wiederherstellung der Habitate stark zu machen, um den Wildtieren wieder mehr „Wohnraum" zuzugestehen. Das bedeutet unter anderem, Wildruhezonen zu unterstützen und die Inanspruchnahme der Natur durch den Tourismus und die Freizeitnutzung zu hinterfragen sowie Lebensraumverschlechterungen zu verhindern, die durch die Verbauung für Infrastrukturen wie etwa Parkplätze entstehen.

# Das Subsidiaritätsprinzip ist der richtige Gestaltungsgrundsatz.

Eine Zentralisierung der Jagdgesetzgebung wäre ein klarer Bruch des Subsidiaritätsprinzips. Dieses Prinzip ist ein wichtiges Instrument gegen politischen Zentralismus und für die Wahrung der Interessen von Menschen in den Regionen. Es besagt, dass die höhere staatliche Ebene nur dann regulativ eingreifen darf, wenn die Möglichkeiten einer unteren Ebene allein nicht ausreichen, um die jeweilige Aufgabe zu lösen. Dass eine zentrale Regelung durch den Bund eine Verbesserung der Situation bringen würde, ist objektiv nicht nachweisbar. Mit einem Bundes-Jagdgesetz würde vielmehr die funktionierende Struktur der bestehenden Körperschaften und der Selbstverwaltung zerstört werden. Viele Jägerinnen und Jäger, die derzeit ehrenamtlich die Ressource Wild kontrolliert nützen und deshalb Wald und Umwelt gezielt schützen, würden nicht mehr aktiv sein. Eine Zentralisierung würde ganz im Gegenteil zur Auflösung der aktiven Landesorganisationen führen. Die bürgergesellschaftliche Community der Jägerinnen und Jäger im Verbund mit der Land- und Forstwirtschaft würde durch eine zentralisierte Gesetzgebung entscheidende Teilhabe an den Gestaltungsmöglichkeiten verlieren. Das wäre ein Demotivationsschub mit massiven Konsequenzen für Wild und Wald. Das Subsidiaritätsprinzip bleibt daher das beste und inklusivste Instrument zur Regelung der Jagd.

*In Österreich gibt es 9 Landesjagdgesetze.*

## Mehr Stadt ist nicht die Lösung für das Land.

Eine Forderung nach einem zentralisierten Bundes-Jagdgesetz muss auch mit Blick auf konkurrierende weltanschauliche Positionen analysiert werden. Es zeigt sich hier – wie auch in mehreren anderen Bereichen – die Tendenz, dass urbane Sichtweisen auch für die Landbevölkerung gelten sollen. Im Bereich der Jagd führt das zu problematischen Situationen, wie sich etwa in unserem Nachbarland Schweiz gezeigt hat. Am 27. September 2020 hat die Schweizer Stimmbevölkerung eine Revision des Jagdgesetzes abgelehnt. Bundesrat und Parlament wollten den Schutz des Wolfes aufgrund dessen rascher Ausbreitung lockern. Das Schweizer Stimmvolk sprach sich knapp dagegen aus, womit der Wolf weiter voll geschützt war. Insbesondere Städterinnen und Städter waren in Umfragen sehr deutlich gegen das Gesetz, die ländliche Bevölkerung unterstützte es.

*SWI swissinfo.ch*

Vom Wolf nicht betroffene Personen haben damit vom Wolf immer stärker betroffene Bürgerinnen und Bürger am Land überstimmt. Die Probleme in der Landwirtschaft brachten mittlerweile auch das Schweizer Parlament dazu, eine vorsorgliche Regulierung des Wolfsbestandes zu erlauben. Auch das Gänsejagdverbot in den Niederlanden ist hierfür ein passendes Beispiel. Durch das politisch motivierte Verbot der Gänsejagd fällt die Nutzung dieser Wildart durch die Jagd weg. Eine Populationskontrolle muss wegen der Schäden an den Deichen dennoch stattfinden. An die Stelle der regulierten Jagd trat eine fragwürdige mobile Einrichtung, die Gänse nun während der Flugunfähigkeit mit $CO_2$ vergast.

Das zeigt: Die ländlich geprägte Jagdkultur hätte keine Zukunft, wenn ausschließlich städtische Sichtweisen über sie entscheiden würden. Auch deshalb ist das Subsidiaritätsprinzip ein wichtiges Regulativ und notwendig für eine gute Balance: Das regulatorische Feld der Jagdgesetzgebung sollte möglichst nahe an und mit den Menschen geregelt werden, die dazu Expertise haben und von seinen Auswirkungen im Alltag betroffen sind.

## Die Jagdgesetzgebung entwickelt sich richtig weiter.

Die Gesetzgebung auf Landesebene entwickelt sich in ganz Österreich in vielen Bereichen gezielt weiter. Die verantwortlichen Körperschaften erörtern Themen auch über Landesgrenzen hinweg und finden vernünftige, wirksame Lösungen. Das gilt auch für die Wildökologie und Jagd. Die bestehenden Mechanismen zur Abstimmung funktionieren gut und ermöglichen maßgeschneiderte Lösungen. Dass Verwaltungsgrenzen von Menschen und Tieren auch überschritten werden können, ist kein Argument für deren Ab-

schaffung. Träfe diese Logik zu, wären ebenso Staats- und sogar die Unionsgrenzen abzuschaffen, denn auch diese überschreiten Menschen und Wildtiere.

## Die Jagd ist legale und legitime Ressourcennutzung.

Hinter Forderungen, die Jagdgesetzgebung zu vereinheitlichen und damit die Rahmenbedingungen für die Jagd grundlegend zu Lasten von Wildtieren sowie Jägerinnen und Jägern zu verändern, steht auch eine gesellschaftspolitische Strategie. Österreichs Jägerinnen und Jäger sind die größte Naturschutzorganisation des Landes – mit geprüften Mitgliedern, die in der Fläche auch wirklich aktiv sind. Aber: Jagd ist nicht bloß Wildmanagement oder Schädlingsbekämpfung. Jägerinnen und Jäger sind kein „Ersatz" für Wolf, Bär & Co. Die Jagd ist vorrangig eine verfassungsrechtlich verbriefte Ressourcennutzung (Recht auf Eigentum). Und die muss auch weiterhin möglich sein.

Wildtiere als Ressource zu nutzen, ist Lebensgrundlage, seit die Menschheit existiert. Die Rahmenbedingungen für die Nutzung dieser Ressource sind unterschiedlich ausgestaltet. Manche Länder stellen dabei den Staat in den Vordergrund. Österreich hat einen erfolgreichen Weg eingeschlagen, der auf Eigentum und Nachhaltigkeit setzt. Das Recht, Wildtiere als nachwachsende Ressource zu nutzen, wurde in Folge der bürgerlichen Revolution 1848 in Österreich dem Grundeigentümer zugesprochen. Daraus resultierte eine massive Überbejagung, da jeder Grundeigentümer auf seiner Grundfläche unreguliert jagen durfte. Angesichts der dadurch massiv schwindenden Wildbestände wurde es notwendig, ein Regulativ zu schaffen. Ab diesem Zeitpunkt in der Geschichte stellten Mindestflächen, Abschusspläne und vollziehbare Jagdaufsicht sicher, dass Wildtiere nur in den flächenmäßig geeigneten Jagdrevieren nachhaltig und kontrolliert bejagt werden durften. Die Praxis zeigt zudem: Bei jagdbaren Tierarten sind die Populationen intakt, weil sie als Ressource sorgsam bewirtschaftet werden. Dieses System hat sich für alle Seiten bewährt – und darf nicht durch ideologisch motivierte Zentralisierung gefährdet werden, damit die Errungenschaften zur Gewährleistung der bürgerlichen Freiheitsrechte auch in diesem wichtigen Bereich bewahrt bleiben.

„**DIE JAGD IST ALTMODISCH** *und aus der Zeit gefallen*“

Jägerinnen und Jäger sind einfach nur von gestern – von der Sprache über die Bekleidung bis zur Tätigkeit, die man auch ganz anders erledigen kann: Das Märchen, dass die Jagd altmodisch ist und in einer modernen Gesellschaft keinen Platz mehr hat, hört man nicht selten. Es hat aber wohl mehr mit der Geschichte und dem Brauchtum der Jagd zu tun – wie es übrigens in anderen Bereichen (beispielsweise der Musik und Volkskultur) auch gepflegt und geschätzt wird –, als damit, was Jägerinnen und Jäger tatsächlich leisten: professionelles Wildtiermanagement durch nachhaltige Nutzung.

## Die Jagdsprache ist eine Fachsprache.

Jagdgegnerinnen und Jagdgegner nehmen oft die angeblich altertümliche Jägersprache als Beleg dafür, wie gestrig die Jagd ist. Tatsache ist, dass die Jägersprache die wahrscheinlich älteste Fachsprache der Menschheit ist. Wie bei jeder anderen Fachsprache auch geht es bei der Jägersprache um höchstmögliche Klarheit und Vereinfachung. Dies ist auch in anderen Tätigkeitsbereichen zu beobachten, in denen es darum geht, sich möglichst präzise und rasch über Sachverhalte auszutauschen (zum Beispiel Ärzteschaft). Die korrekte Verwendung der Fachsprache diente allerdings auch als Erkennungszeichen untereinander, was zu einer gewissen Abgrenzung geführt hat.

*Verschiedene Begriffe in der Jagdsprache.*

## Die jagdliche Tradition hält wichtige Werte am Leben.

Die Einflüsse der Jagd auf die menschliche Kultur sind massiv. Von traditionellen Gerichten über nachhaltige Kleidung und Kunst bis zur Züchtung von Hunderassen hat die Jagd wichtige Spuren in der

Menschheitsgeschichte hinterlassen. Traditionen und Brauchtum der Jägerschaft sind kein Selbstzweck, sondern halten bestimmte Werte wie Naturverbundenheit am Leben. Dass man beispielsweise dem erlegten Wildtier einen abgebrochenen Zweig ins Maul schiebt, ist eine Ehrerbietung und eine symbolische Geste des Danks und der Versöhnung ***(der letzte Bissen)***: Dem Wildtier soll es im Jenseits nicht an Nahrung mangeln. Diese Tradition steht im klaren Kontrast zur modernen Fleischproduktion. Die Haltung der Dankbarkeit gegenüber dem Tier unterstützt den achtsamen Umgang mit Wildtieren und der Natur im Allgemeinen.

## Jagdbekleidung ist keine beliebige Mode.

Die Kleidung der Jägerinnen und Jäger ist vor allem praxisbezogen und daher oft in Naturfarben gehalten. Jagdbekleidung ist meist selbst aus natürlichen Materialien – auch, wenn atmungsaktive Kunstfasern oder nach wissenschaftlichen Erkenntnissen entwickelte Tarnmuster die Jagd erleichtern. Geht es um Themen wie Leder und Pelz ist aus Sicht der Jagd klar: Verirrungen wie Pelzfarmen haben nichts mit der Jagd oder gar mit einer Jagdmode zu tun. Naturbewusste Jägerinnen und Jäger greifen höchstens zum selbsterlegten Fuchspelz statt zum Pelz aus Massenproduktion oder zum Kunstpelz aus Mikroplastik. Neben klassischem Loden spielt Leder bei der Jagd eine wichtige Rolle, weil es strapazierfähig, geräuscharm und nachhaltig ist.

# Die Jagd nutzt moderne Technologien und Wissenschaft.

Die Jagd ist in der Praxis viel mehr als wertvolle Traditionen und Brauchtum. Moderne Jagd folgt wildökologischen Erkenntnissen und fördert wissenschaftliche Institutionen. Jägerinnen und Jäger engagieren sich vor allem im Bereich des Monitorings von Wildtieren. Dafür werden unter anderem Proben entnommen und für wissenschaftliche Untersuchungen bereitgestellt. Außerdem setzt die Jagd auf moderne Technik, wie etwa auf Wärmebildkameras und Drohnen zur Rehkitzrettung. In optischen Hilfsmitteln, wie etwa in Ferngläsern, Zielfernrohren und Nachtsichtgeräten, ist modernste Technik verbaut.

# Die Jagd ist systemrelevant.

Im Gegensatz zu vielen Brauchtumsinitiativen ist die Jagd systemrelevant. Sie darf beziehungsweise muss auch in Ausnahmesituationen, wie es die Coronapandemie war, ausgeübt werden. Die Jagd folgt schließlich dem Naturzyklus und muss Aufgaben erfüllen, die nicht nachgeholt werden können. In der Natur gibt es keine „Pausetaste". Die Jagd hilft zudem, die Ausbreitung von Wildkrankheiten zu verhindern. Jägerinnen und Jäger sind sogar per Gesetz dazu verpflichtet, Wildkrankheiten zur Anzeige zu bringen, wenn sie für den Menschen gesundheitsgefährdend sein können. Auch die Tätigkeiten der Jägerinnen und Jäger im Bereich der Straßensicherheit, wie etwa die Kennzeichnung von Wildwechseln durch das Anbringen von Wildwarnern, sind für unser modernes Leben wichtig. Wildunfälle ereignen sich in Österreich schließlich alle sieben Minuten. Außerdem hilft die Jagd, Auswirkungen des Klimawandels zu mildern, indem sie den Forst beim Waldumbau unterstützt.

## Es gibt keine Alternativen zu Jagd.

Jagdgegnerinnen und Jagdgegner fordern eine Populationskontrolle von Wildtieren ohne Jägerinnen und Jäger. Doch dies würde in der Natur das Aussterben ganzer Arten nach sich ziehen – und wäre auch schlichtweg nicht machbar. Man müsste dafür schließlich hunderttausende weibliche Wildtiere einfangen und sterilisieren. Eine Utopie, die allein an der Machbarkeit scheitert, denn wie sollten der Fang, der Eingriff, die Wundheilung und die Wiederauswilderung von hunderttausenden Wildtieren ablaufen?

Als Alternative wird eine medikamentöse Behandlung gefordert – sozusagen eine „Verhütung für Tiere". Jagdgegnerinnen und Jagdgegner argumentieren, dass diese Maßnahme ja bereits erfolgreich bei der Tollwutimpfung funktioniert hat. Leider wird dabei vergessen, dass Fruchtbarkeit nicht durch eine Schluckimpfung weggezaubert werden kann. Was beim Menschen mehr oder minder gut funktioniert – schließlich kennen vor allem Frauen etliche Nebenwirkungen – würde ebenfalls an der Machbarkeit scheitern, denn eine entsprechende Hormonzugabe zur Nahrung von Wildtieren müsste präzise dosiert erfolgen und alle weiblichen Tiere einer Art umfassen, was in der freien Wildbahn nahezu unmöglich ist und unvorhersehbare Auswirkungen haben könnte. Das unkontrollierte Einbringen von Hormonpräparaten und Chemikalien würde auch Arten beeinflussen, bei denen eine Fortpflanzung explizit gewünscht ist. Das alles zeigt: Die Jagd zur Populationskontrolle ist und bleibt die bessere und natürlichere Lösung.

Auch ethisch-moralisch wäre ein solcher Eingriff mehr als fragwürdig, denn was den meisten Haustieren durch den Menschen vorenthalten wird, ist das Erzeugen von Nachwuchs und damit – insbesondere den weiblichen Tieren – ein Teil des natürlichen Verhaltens. Bei Haushunden und Hauskatzen sieht der Mensch es als gegeben an, da es diesen in der Regel an nichts mangelt und sie – je nach wirtschaftlichen Möglichkeiten – verwöhnt werden. Wildtieren würde man eine solche Kompensation im Ausgleich zur Unterdrückung des natürlichen Triebes und der damit einhergehenden Erfahrung der Mutterschaft und Nachwuchsaufzucht allerdings nicht zukommen lassen.

## Glossar

***Der letzte Bissen*** – *Es ist ein respektvolles Ritual der Jägerinnen und Jäger, bei dem die Geste, früher als Versöhnung mit dem Tier verstanden, heute die „ewige Äsung" symbolisiert. Sie drückt die Achtung und Dankbarkeit gegenüber dem Wild aus und wird von einem Moment des Innehaltens vor dem erlegten Tier begleitet.*

„*Die Jäge-rinnen und Jäger* **WOLLEN DEN WALD FÜR SICH ALLEIN**"

Der Wald gehört allen – die Jägerinnen und Jäger sollen nicht länger so tun, als ob allein sie entscheiden, was im Wald passiert: Spätestens seit der Corona-Zeit, in der viele Menschen verstärkt in Wäldern und Natur unterwegs waren, hört man solche Erzählungen öfter. Jägerinnen und Jäger würden Menschen, die einfach nur Natur und Freizeit genießen wollen, am liebsten aus dem Wald vertreiben, damit sie selbst möglichst ungestört ihrem „Hobby" Jagd nachgehen können. Wahr ist allerdings, dass die Jägerinnen und Jäger „Anwälte" des gesamten Ökosystems Wald sind – und daher für eine ausgewogene Nutzung des Waldes durch die unterschiedlichen Anspruchsgruppen eintreten.

## Der Wald braucht mehr Rücksicht.

Spazierengehen, Wandern, Laufen, Mountain-Biken, Skifahren, Snow-Boarden, Skitouren- und Schneeschuh-Gehen: All das trägt dazu bei, dass unsere Wälder das ganze Jahr über von Erholungssuchenden bevölkert sind. Die Besucherzahlen in den heimischen Wäldern sind enorm gestiegen. Manche sprechen sogar schon von „Overtourism" im Wald. Aus Sicht der Wildtiere ist das ganz sicher so. Nutzungskonflikte rund um den Wald sind unbestritten häufiger geworden. Auch die Besitzverhältnisse beim Thema Wald spielen eine Rolle für unterschiedliche Nutzungen: Der Großteil des Waldes in Österreich fällt in die Kategorie Kleinwald (53 Prozent, davon 49 Prozent in privatem Besitz), während private Betriebe (32 Prozent) und Österreichische Bundesforste (15 Prozent) den Rest besitzen – und intensiv bewirtschaften. Aus Sicht der Jägerinnen und Jäger, die auf 98 Prozent der Staatsfläche Österreichs jagen und damit eine umfassende Wald-Kompetenz haben, ist es wichtiger denn je, eine vielfältige, aber rücksichtsvolle Nutzung des Waldes sicherzustellen.

## Unser Wald ist keine Holzfabrik und kein Freizeitzentrum.

Die Sichtweise der Jagd auf den Wald ist nachhaltig und zukunftsverträglich. Jägerinnen und Jäger sehen den Wald gesamthaft als Ökosystem von Flora und Fauna, das als solches erhalten werden muss. Der Wald ist für sie keine ausschließliche Holzfabrik und auch kein alleiniges Freizeitzentrum. Einseitige Nutzungsansprüche an den Wald zu richten, ist der falsche Weg für eine gute Zukunft des Waldes in Österreich. Der Mensch ist Teil des Ökosystems Wald – und nur ein Mitbewohner und Mitnutzer. Die von den Jägerinnen und Jägern geforderte Rücksichtspflicht soll daher auch von allen anderen Wald-Mitnutzenden in ihrem Bereich praktiziert werden.

## Jägerinnen und Jäger sind „Anwälte" der Wildtiere.

Österreichs Jägerinnen und Jäger verstehen sich aus guten Gründen als „Anwälte" des Wildes und damit auch des Waldes. Um die natürliche Ressource Wild nutzen zu können, verbessern, pflegen und entwickeln sie – gemeinsam mit der Land- und Forstwirtschaft – Räume für Wildtiere. Das nützt dem Wald und anderen Kulturlandschaften. Und das macht auch keine andere Organisation in Österreich. Die Jagd ist damit die größte Naturschutzorganisation in der Fläche – das kann keine andere NGO in Österreich von sich behaupten. Zudem ist die Jagd die einzige Naturschutzorganisation, die Mitglieder registriert und wo Mitglieder eine Prüfung – die Jagdprüfung – ablegen müssen und damit für ihre vielfältigen Tätigkeiten rund um Wild und Wald fachlich erstklassig ausgebildet sind.

Wie wichtig Jagd und jagdliche Expertise beim Wildtiermanagement sind, zeigt ein Beispiel aus den Niederlanden: Wegen eines Jagdverbots dürfen dort keine Gänse erlegt werden, die aber massive Schäden auf den Schutzdeichen und in der Landwirtschaft verursachen (siehe auch Kapitel ab S. 70). Als „Alternative" werden jedes Jahr flugunfähige Gänse zu zigtausenden vergast. Zusätzlich zu dieser höchst fragwürdigen Praxis wird das Wildbret der Gänse nicht genutzt. Anstelle einer regulativen Jagd, die zugleich ein hochwertiges Lebensmittel generiert, wird stattdessen fragwürdige Schädlingsbekämpfung betrieben. Ein Jagdverbot und fehlende jagdliche Expertise sind Probleme für Mensch und Tier.

## Jägerinnen und Jäger haften für Schäden.

Die besondere Rolle der Jagd für den Schutz des Waldes zeigt sich auch daran, dass Jägerinnen und Jäger für Wildschäden haften und zahlen – auch, wenn sie selbst dafür gar nicht verantwortlich sind. Die Haftung für Wildschäden an land- und forstwirtschaftlichen Kulturen und Erzeugnissen umfasst etwa Verbiss-Schäden, ***Schäl-Schäden oder Fegeschäden*** an Bäumen. Für Schäden in Getreidefeldern oder Weingärten haften Jägerinnen und Jäger ebenfalls verschuldensunabhängig mit ihrem Privatvermögen. Weil immer mehr Menschen den Wald nutzen, führt dies zur Verdrängung von Wildtieren, die in der Folge vermehrt Probleme auf Nutzflächen und an Kulturpflanzen verursachen. Das setzt einen Schadenskreislauf für alle Beteiligten in Gang. Auch die Haftungsfrage zeigt, dass ein in-

takter Wald und mehr Rücksichtnahme wichtiger denn je sind. Wie die gemeinsame Verantwortung für den Wald besser gewährleistet werden kann, sollte bei einer allfälligen Evaluierung des Forstgesetzes 1975, das die Öffnung des Waldes für alle gebracht hat, berücksichtigt werden. Nummerntafeln für Fahrräder im Wald, definierte Zeiten für Waldnutzung oder Regulatorien für geschützte Ruhezonen könnten mithelfen, Wald und Wild von übermäßigen Nutzungsansprüchen zu entlasten. Die Beunruhigung durch Jägerinnen und Jäger wird durch entsprechende Rücksichtnahme auf das Wild und dessen Bedürfnisse zum Beispiel im Rahmen der Schonzeiten verringert. So sind auch die Nachtzeiten für bestimmte Wildarten Schonzeiten, in denen nicht gejagt wird. Der Jagddruck, der durch die Anwesenheit der Jägerin oder des Jägers und der Erlegung von Wildtieren entsteht, wird möglichst punktuell, nur so stark wie nötig und so kurz wie möglich aufgebaut. Die Jägerin beziehungsweise der Jäger kennt ihr oder sein Revier und die Gewohnheiten des Wildes und verhält sich angepasst, im besten Fall wie ein Gast in einer fremden Wohnung.

# Glossar

***Schäl-Schäden*** *– Schälen bezeichnet das Abziehen ganzer Rindenstreifen von Bäumen – vor allem durch Rotwild, Muffel- und Damwild, während Rehe dies nicht tun. Sommerschälung tritt meist bei Stress und Störungen auf, während Winterschälung auf Nahrungsknappheit hinweist.*

***Fegeschäden*** *– Rehböcke und Hirsche bilden jährlich ein neues Geweih, das unter einer schützenden Basthaut wächst. Sobald es ausgewachsen ist, reiben die Tiere an Bäumen und Büschen, um diese Haut loszuwerden – ein Vorgang, den Jägerinnen und Jäger als „Fegen" bezeichnen. Besonders junge Bäume sind dabei oft das Ziel.*

„Das **WICHTIGSTE** *sind der Jägerin und dem Jäger* **TIERE MIT** *einer* **STARKEN TROPHÄE**“

Hauptsache groß und mit vielen Enden: Eine möglichst eindrucksvolle Trophäe ist aus Sicht der Jagdgegnerinnen und Jagdgegner das einzige Ziel, das für die Jägerschaft wirklich zählt. Dass das Angeben mit Trophäen – gegenüber anderen Jägerinnen und Jägern und Gästen – das zentrale Motiv für die Jagd verkörpert, ist eine weit verbreitete Annahme. Aber Jägerinnen und Jäger zu Trophäensammelnden zu degradieren, ist nicht nur ein Märchen, sondern auch eine Herabwürdigung ihrer tatsächlichen Leistungen für Erhalt und Pflege von Wildtieren und Kulturlandschaften.

# Geweihe, Hörner und Zähne liefern Informationen für das Wildtiermanagement.

In der Aufbewahrung von Geweihen, Hörnern, Federn oder Zähnen einen Trophäenkult abzuleiten, ist ein verbreitetes, aber vor allem veraltetes Klischee und liegt zu guten Teilen am Wort „Trophäe“ selbst. Trophäen in der modernen Jagd sind weniger ein Symbol des Triumphes über ein Wildtier, sondern vielmehr ein Andenken an ein besonderes Jagderlebnis und vor allem wichtige Datenträger. In der Jagd gibt es unterschiedliche Arten davon. Bei Horn- oder Geweihträgern sind es die Stirnwaffen, bei anderen sind es die markanten Eckzähne, bei Vogelarten sind es bestimmte Federn. Trophäen sind zum einen Erinnerungsstücke für Jagderfolge – wie etwa Urlaubsfotos oder Souvenirs – und haben darüber hinaus einen anderen großen Wert: Sie liefern der und dem Fachkundigen wichtige Informationen. Sie geben Aufschluss über Alter und Gesundheitszustand des Tieres. Das ist wiederum wichtig, um Maßnahmen zum Wildmanagement abzuleiten. So kann etwa eine genetische Verinselung an verkürzten Unterkiefern erkannt werden. Ein poröses Geweih kann wiederum ein Indikator für Kalziummangel oder Krankheiten sein. Aus Trophäen kann also viel mehr abgelesen werden, als auf den ersten Blick für Laien ersichtlich ist.

## Die Jagd hat das Ökosystem im Blick.

Jägerinnen und Jäger kümmern sich um das gesamte Ökosystem – und nicht nur um einzelne Exemplare. Das Geweih oder besonders große Hörner oder große Zähne sind ein „Nebenprodukt" nachhaltigen Wildmanagements. Nur in gut geführten Jagdrevieren mit einer gesunden Altersverteilung im Wildbestand können Wildtiere ein entsprechendes Alter erreichen, in dem auch starke Trophäen ausgebildet werden. Ein gesunder Wildbestand erfordert wiederum die Berücksichtigung der gesamten Population und des Habitats. Das Engagement der Jägerinnen und Jäger dafür schließt auch all jene Wildtiere und Wildarten ein, die keine Trophäe ausbilden.

## Klassische Trophäen sind Ausnahmen von der Regel.

Die Vorstellung, dass jede Jägerin oder jeder Jäger daheim ein großes Geweih eines alten Rothirsches hängen hat, entspricht nicht der Realität. Dies zeigt ein einfaches Rechenbeispiel: In Salzburg werden jedes Jahr durchschnittlich 7.000 Stück Rotwild erlegt, was ungefähr dem jährlichen Zuwachs dieser Wildart in dem Bundesland entspricht. Von diesen 7.000 Wildtieren sind gerade einmal 200 alte Hirsche – und damit rund drei Prozent, die dem Bild eines Trophäenträgers entsprechen. Zudem sind diese 200 Tiere nicht nur zahlenmäßig stark limitiert, sondern bereits sehr alt und für den Fortbestand der Population nicht mehr entscheidend. Für die rund 11.000 Salzburger Jägerinnen und Jäger bedeutet dies, dass jede und jeder von ihnen einen solchen alten Hirsch nur alle 55 Jahre erlegen könnte. Diese Aussichten wären kein überzeugendes Motiv für eine Jägerlaufbahn.

## Trophäen sind mehr.

Das Vorurteil, dass es Jägerinnen und Jäger nur auf starke, große Trophäen abgesehen haben, hat aus vielen Gründen wenig mit der Praxis zu tun. Einer davon: Auch deformiertes Gehörn, wie der sogenannte „Perückenbock", verdient und bekommt die Aufmerksamkeit der Jägerinnen und Jäger. Diese krankhafte Kopfwucherung, die den Rehbock bis zur Erblindung beeinträchtigt, ist für die Jägerschaft sowohl ein Hegeabschuss als auch eine bewahrenswerte Seltenheit.

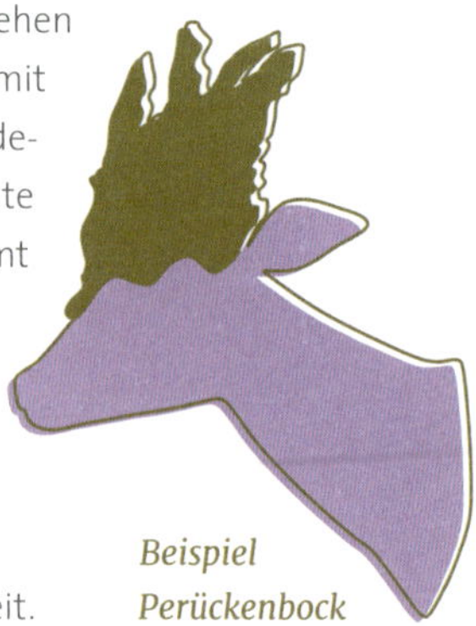

Beispiel Perückenbock

Trophäen sind jedenfalls für viele Jägerinnen und Jäger mehr als ein Wandschmuck: Auch das Leder, aus dem man sich seine eigene Lederhose schneidern lässt, oder eine Feder können eine geschätzte Trophäe sein, wenn man sie so betrachten will. Was ein Erinnerungsstück ist und was keines, ist Ansichtssache. Für viele Jägerinnen und Jäger hat das Geweih des Hirsches keine Bedeutung, weil das Fleisch für sie im Vordergrund steht. Sie verwerten die Abwurfstangen und das Geweih anders – und nutzen es für Besteckgriffe, Knöpfe oder andere Utensilien. Die Einsatzmöglichkeiten von Hirschhorn sind vielfältig und werden auch von Nicht-Jägerinnen und Nicht-Jägern geschätzt.

## Pelz aus Jagd ist nachhaltig.

Über Nachhaltigkeit reden viele. Jägerinnen und Jäger leben Nachhaltigkeit. Das gilt auch für Pelz. So ist Naturpelz aus nachhaltiger Jagd viel besser als Kunstpelz, der meist entweder aus Polyester oder Polyacryl besteht. Polyester ist Plastik und verrottet erst nach etwa 500 Jahren. Polyacryl ist noch schädlicher und gibt unter anderem bei jedem Waschgang bis zu 1.500 Microfasern ab, die ins Grundwasser und in die Meere gelangen. Die Kürschnerinnung prämiert jedes Jahr mit dem ***Red Fox Award*** nachhaltige Modedesignerinnen und -designer, die ausschließlich Echtpelz aus nachhaltiger Jagd verarbeiten und so einen Beitrag für umweltbewusste Mode leisten. So bewegen vermeintlich gestrige Trophäen mehr für die Zukunft.

*Bei einem Waschgang von Kunstpelz können bis zu 1.500 Microfasern in das Grundwasser und die Meere gelangen.*

# Glossar

***Red Fox Award*** – *Österreichische Kürschnerinnen und Kürschner stellen das nachhaltige Fell des Rotfuchses, ein Nebenprodukt der Raubwildregulierung, ins Rampenlicht. Auf der Salzburger Messe „Die Hohe Jagd & Fischerei" werden jährlich kreative Verarbeitungen des heimischen Fells präsentiert und prämiert. Dabei entstehen moderne Produkte wie Jacken, Mäntel, Taschen und Kragen aus Fellen der heimischen Jagd.*

*Jägerinnen und Jäger* **FÜTTERN TIERE,** *damit sie später* **MEHR DAVON SCHIESSEN** *können*

Mehr Tiere zu füttern, macht es möglich, auch mehr Tiere töten zu können: Für Jagdgegnerinnen und Jagdgegner ist der Zusammenhang klar. Dass Jägerinnen und Jäger Wildtiere nur deswegen füttern, damit sie dann mehr Tiere abschießen können, liegt für sie auf der Hand. Dabei handelt es sich allerdings um ein Grusel-Märchen. Denn Jägerinnen und Jägern geht es nicht um möglichst viele tote Wildtiere.

## Die Fütterung ist streng reguliert.

Grundsätzlich gilt: Wildtiere dürfen in Österreich nicht von allen wahllos gefüttert werden. Davon ausgenommen ist die allseits beliebte Fütterung von Singvögeln, bei der leider auch invasive Pflanzensamen (Ragweed) in Verkehr gebracht werden können. Die Fütterung von Wildtieren, die dem Jagdrecht zugeordnet sind, erfolgt primär in Notzeiten beziehungsweise in der Vorbereitung auf den Winter. In den Wintermonaten sind Wildtiere zwar unter normalen Umständen in der Lage, mit wenig Bewegung und wenig Nahrung auszukommen. Unsere intensiv genutzte Kulturlandschaft bietet ihnen aber oft keine normalen Umstände mehr. Deshalb ist eine – streng regulierte – Fütterung durch Jägerinnen und Jäger notwendig. Die Fütterung von Wildtieren umfasst auch die Anlage von Tränken in Trocken- und Hitzeperioden. So verhindern Jägerinnen und Jäger, dass Wildtiere einen qualvollen Tod sterben. Die Anlage von Tränken kommt natürlich auch Tieren zugute, die nicht jagdbar sind.

## Die Lenkfütterung schützt Wald und Wild.

Dass die Fütterung durch die Jagd unterschiedliche Interessen unter einen Hut bringt, zeigt sich am Beispiel Rotwild: Das größte in Österreich beheimatete ***wiederkäuende Wildtier*** bevorzugt halboffene Landschaften und ist damit kein charakteristischer Waldbewohner. Es wird jedoch durch Siedlungs- und Straßenbau sowie eine intensiv genutzte Kulturlandschaft oft in Waldlebensräume und in die Abend-, Nacht- und dunklen Morgenstunden gedrängt und in seinem natürlichen Wanderverhalten durch künstliche Barrieren, wie den Straßen- und Siedlungsbau, behindert. Die Konzentration des Rotwildbestandes in den Wäldern hat wiederum erhebliche Folgen für den Baumbestand.

Da sich die Rotwildbestände nach den Verwüstungen des letzten Jahrhunderts seit etwa 1950 wieder erholen und angestiegen sind, mehren sich auch die wirtschaftlichen Konflikte mit dieser Wildart. In der Folge wurden sogenannte ***Freihaltezonen*** geschaffen, die als zu sensibel beziehungsweise schadensanfällig gelten, als dass die dauerhafte Anwesenheit des Rotwildes toleriert werden kann. Rotwild wandert gerade in Vorbereitung auf die Wintermonate in Gebiete ab, die Ruhe und ein entsprechendes Nahrungsvorkommen versprechen. An diesem Punkt setzen Jägerinnen und Jäger an: Sie bestücken in Absprache mit der jeweiligen Grundeigentümerin oder dem Grundeigentümer Fütterungen, die das Rotwild von sensiblen Flächen weglenken und an unproblematische Standorte binden. So kann die Population auch genau beobachtet werden: Tiere werden gezählt, Altersstrukturen besser erkannt, kranke oder verletzte Tiere besser identifiziert. Die Lenkungsfütterung dient somit der Hege und Pflege des Wildbestands. Besonders in harten Wintermonaten oder bei extremen Witterungsbedingungen hilft sie, das Überleben der Tiere zu sichern und Wildschäden an landwirtschaftlichen Flächen und Wäldern zu verhindern. Bei der Fütterung geht es nicht darum, den Wildbestand künstlich hochzuhalten, sondern darum, den Hungertod von Tieren und Schäden im Forst zu verhindern. Im Ausgleich zu dieser vermiedenen Sterblichkeit müssen Jägerinnen und Jäger jedoch vermehrt in den Bestand eingreifen und die Abschüsse anpassen.

Eine Sonderform der Fütterung ist die ***Lockfütterung***: Dabei werden Tiere, wie etwa Wildschweine, gezielt mit Duftstoffen und schmackhaftem Futter angelockt, um die Bejagung und damit die notwendige Bestandreduzierung zu erleichtern. Im Gegensatz zur temporären Lockfütterung muss die ***Lenkfütterung*** jeden Tag zur gleichen Zeit und unabhängig vom Wetter mit der gleichen Menge Futter erfolgen, um den gewünschten Effekt zu erzielen. Eigene Richtlinien geben vor, welche Futtermittel zugelassen sind. Hierbei wird darauf geachtet, dass nur artgerechte, möglichst naturbelassene Futtermittel, die dem jahreszeitlichen Ernährungsbedarf entsprechen, verwendet werden.

## Die Fütterung erfolgt wissenschaftlich fundiert.

In vielen Regionen Österreichs erfolgt die Fütterung auf Basis wissenschaftlicher Erkenntnisse und in Zusammenarbeit mit Wildbiologinnen und -biologen sowie Försterinnen und Förstern. Die Maßnahmen werden regelmäßig überprüft und angepasst, um sicherzustellen, dass

sie den wildökologischen Standards entsprechen. So wird darauf geachtet, dass nur natürliches Futter verwendet wird und die Fütterung nur für jene Wildarten zugänglich ist, die im Fokus der Bemühungen stehen.

## Wandernde haben Einfluss auf den Energiehaushalt der Wildtiere.

Jede Person, die im Wald unterwegs ist, nimmt Einfluss auf den Energie- und Futterbedarf von Wildtieren. Denn Wildtiere verbrauchen sehr viel wertvolle Energie, wenn sie beunruhigt werden. Ihr Organismus muss binnen Sekunden vom Ruhemodus auf Fluchtverhalten umschalten. Für diesen zusätzlichen Kraftakt benötigen Wildtiere Energie, die nur über zusätzliche Nahrung bereitgestellt werden kann. Naturnutzende, die sich nicht an feste Wanderrouten halten und durch ein Ruhegebiet wandern, tragen oft maßgeblich dazu bei, Wildtiere in unnötigen Stress zu versetzen. Dies kann vor allem im alpinen Bereich für Mensch und Tier lebensgefährlich sein, wenn etwa Gämse beunruhigt werden und Lawinen lostreten. Jägerinnen und Jäger achten hingegen darauf, dass Wildtiere unter so wenig Stress wie möglich leiden.

## Glossar

***Wiederkäuende Wildtiere*** *– sind Tiere, die ihre Nahrung in mehreren Schritten verdauen. Sie fressen Pflanzen, die dann im Pansen gelagert, wieder hochgewürgt, erneut gekaut und weiter verdaut werden. Dieser komplexe Verdauungsprozess ermöglicht es ihnen, auch schwer verdauliche Pflanzen wie Gras effektiv zu nutzen. Aufgrund dieses Verhaltens ist Ruhe enorm wichtig. Typische Wiederkäuer sind Hirsche und Rehe.*

***Lenkfütterung*** – *bezeichnet eine gezielte Fütterung von Wildtieren, um deren Verhalten zu steuern oder sie in bestimmte Bereiche zu lenken. Dies wird oft in der Jagd oder im Wildtiermanagement eingesetzt, um Tiere an bestimmte Futterstellen zu locken, Konflikte zu vermeiden oder die Wildtiere gezielt zu kontrollieren. Sie kann auch helfen, Wildtiere von gefährlichen Bereichen fernzuhalten, wie etwa von Straßen oder landwirtschaftlichen Flächen. Eine Beunruhigung durch Freizeitnutzende kann verheerende Folgen haben.*

***Lockfütterung oder auch Kirrung*** – *Lockfütterungen oder Kirrungen werden genutzt, um über das Jahr hindurch gezielt Wildtiere zu bejagen. Diese Plätze werden nur unregelmäßig, dafür aber mit besonders anziehendem Lockfutter bestückt.*

***Freihaltezonen*** – *In Freihaltezonen muss jedes Exemplar (mit Ausnahme von trächtigen Tieren) einer bestimmten Wildart ohne Rücksicht auf die Altersstruktur erlegt werden.*

# DANKSAGUNG

Zur Entstehung dieses Buches haben viele Unterstützer und Experten, aber auch Kritiker und Personen ohne Bezugspunkte zur Jagd beigetragen. Ihnen allen gilt unser Dank. Unser ganz besonderer Dank gilt Prof. Klaus Hackländer und Dr. Maximilian Schaffgotsch sowie dem Verein Grünes Kreuz und der Firma Blaser für fundiertes Expertenwissen und kreative Umsetzungsideen.

# Über den Verein Grünes Kreuz

Der Verein Grünes Kreuz ist der älteste sozial ausgerichtete Jagdverein Österreichs mit 120-jähriger Geschichte und bekannt durch den Jägerball in der Wiener Hofburg, dessen Reinerlös karitativen Zwecken gewidmet wird. Er unterstützt sowohl soziale Härtefälle als auch die Ausbildung von Berufsjägerinnen und -jägern. Zudem verleiht der Verein Grünes Kreuz jährlich den „Biodiversitätspreis", mit dem besonderes Engagement für Artenvielfalt ausgezeichnet wird. Weiters engagiert sich der Verein Grünes Kreuz stark in Wissenschaft & Forschung und organisiert regelmäßig Veranstaltungen zum Austausch der Jägerinnen und Jäger sowie naturinteressierter Personen.

1905
Verein
Grünes Kreuz
für Jagd & Natur

*www.verein-grueneskreuz.at*

Mit dem Unternehmen Blaser konnten wir einen starken Partner im Gebiet der Jagdausrüstung gewinnen, dem das nachhaltige Handwerk „Jagd“ ein ebenso großes Anliegen ist wie uns.

## Über Blaser

Blaser richtet sein Handeln mit Blick auf die Natur aus, denn als Jägerinnen und Jäger sowie Naturschützerinnen und Naturschützer fühlt sich Blaser der Flora und Fauna besonders verbunden und der bewusste Umgang mit natürlichen Ressourcen hat für das Unternehmen Tradition. Als Innovationsführer entwickelt und produziert Blaser mit großer Leidenschaft seit mehr als 60 Jahren hochwertige Ausrüstung, die Menschen und Natur in einer einzigartigen Weise verbindet – ob im heimischen Waldrevier, im Gebirge oder am anderen Ende der Welt. Die Philosophie hinter dem Unternehmen: Wer Wildtiere beobachtet und natürliche Lebensmittel eigenhändig beschafft, sieht früher Veränderungen und versteht besser, wo die Natur und die darin lebenden Wildtiere Unterstützung brauchen. Jägerinnen und Jäger sind deshalb aktive Naturschützer und tragen zum Erhalt der Artenvielfalt bei. Sie schaffen die Voraussetzungen, dass auch kommende Generationen die Natur so erleben können wie wir es heute tun.